DIVAN DE SHAMS DE TABRIZ

RUMI

POEMAS MÍSTICOS

Divan de Shams de Tabriz

Seleção, Tradução e Introdução
José Jorge de Carvalho

3ª EDIÇÃO REVISTA

ATTAR EDITORIAL
SÃO PAULO, 2020

Copyright © 1996 Attar Editorial
Copyright © 2020 Attar Editorial

Tradução e Introdução
José Jorge de Carvalho

Revisão
Siglia Doria e Leusa Araújo

Projeto gráfico e editoração
Silvana de Barros Panzoldo

Editor
Sergio Rizek

Dados Internacionais de Catalogação na Publicação (CIP)
(Câmara Brasileira do Livro)

Jalal al-Din Rumi, Mawlana, 1207-1273
    Poemas místicos / Rumi ; seleção de poemas do Divan
de Shams-i Tabriz ; tradução e introdução de José Jorge de
Carvalho. — São Paulo : Attar, 1996-2020

    Bibliografia.
    ISBN 85-85115-11-4

    1. Poesia persa – Século 13 I. Tabris, Divã de Shems
de. II. Carvalho, José Jorge de. III. Título.

96-1387

CDD-891.5511

Índices para catálogo sistemático:

1. Poesia : Literatura persa : Século 13   891.5511
2. Século 13 : Poesia : Literatura persa   891.5511

3ª edição revista

Attar Editorial - rua Madre Mazzarello, 336
fone/fax: (011) 3021 2199 - cep 05454-040 - São Paulo
attar@attar.com.br   www.attar.com.br

"Atenta para as sutilezas
que não se dão em palavras.
Compreende o que não se deixa
capturar pelo entendimento."

Rumi

SUMÁRIO

11
Introdução
por *José Jorge de Carvalho*

44
Amor e Teofania
por *José Tadeu Arantes*

✦

51
Divan de Shams de Tabriz

✦

169
Notas, Bibliografia e Índices

Introdução

O *Divan de Shams de Tabriz* é uma coleção de poemas escritos no séc. XIII pelo poeta persa Jalal ud-Din Rumi, conhecido no Oriente também por Maulana Rumi ou simplesmente Maulana (*Mevlana*, em persa, 'nosso senhor'), e no Ocidente apenas por Rumi. Celebrado como o maior poeta místico de toda a tradição persa e árabe, Rumi pertence à seleta galeria daqueles que foram capazes de penetrar simultaneamente as esferas do divino e da criação poética: San Juan de la Cruz, Santa Teresa de Ávila, Hildegard von Bingen, Kabir, Al-Hallaj, Toukaram, Yunus Emre, Ryokan, entre outros. Por esta razão, muitos estudiosos consideram-no um dos maiores poetas místicos de todos os tempos.

Jalal ud-Din Muhammad ibn Muhammad al-Balkhi Rumi nasceu no dia 30 de setembro de 1207 na pequena aldeia de Waksh (hoje no Tajiquistão), sob a jurisdição de Balkh (hoje no Afeganistão), vindo a morrer em Konya, na Turquia, no dia 17 de dezembro de 1273. Era filho do teólogo e mestre espiritual Baha'ud-Din Walad, com quem cedo aprendeu Teologia e literatura clássica árabe. Era ainda uma criança quando sua família mudou-se de Balkh, então um dos principais centros culturais do mundo islâmico, ante a ameaça de invasão das hordas mongóis. Por mais de cinco anos mantiveram uma vida errante, durante os quais Rumi cumpriu sua peregrinação a Meca e passou por Nishapur, onde encontrou-se com o poeta místico Farid ud-Din Attar, autor d'*A Linguagem dos Pássaros*, epopeia alegórica e obra-prima da tradição persa. Diz-se que Attar o presenteou com sua obra *O Livro dos Segredos* e vaticinou um futuro excepcional para aquele jovem, já então empenhado na busca espiritual. Rumi casou-se com uma moça de

Samarcanda, Gowhar Katun; da união nasceu, em 1226, Sultan Walad. Filho dileto, seu biógrafo e sucessor, Walad foi o primeiro intérprete e exegeta da obra de Rumi e também o fundador da ordem sufi Mevlevi, conhecida como a ordem dos dervixes girantes, ou dançantes.

Baha'ud Din e sua família chegaram à Anatólia Central, na Turquia, então conhecida por Rum (daí a alcunha de 'Rumi') e, em 1228, radicaram-se finalmente em Konya, onde Baha'ud Din atuou como mestre em Teologia até seu falecimento, em 1231. Rumi, ainda jovem, foi apontado seu sucessor. Nesse mesmo ano chegou a Konya um antigo discípulo de seu pai, Burhanud-Din Muhaqiq, também fugitivo da Balkh invadida por Genghis Khan. Burhanud--Din dedicou-se a ensinar a Rumi todos os segredos do chamado conhecimento inspirado, fonte das dimensões mais profundas da via mística e transmitiu-lhe, de forma ordenada, a sabedoria espiritual de Baha'ud Din. Por uma década Rumi conviveu com esse mestre. Viajou a Aleppo, na Síria, e permaneceu alguns anos em Damasco, onde parece ter-se encontrado algumas vezes com o grande místico e filósofo Ibn Arabi. Quando Muhaqiq finalmente partiu de Konya, em 1240, Rumi já havia alcançado o respeito e a admiração dos buscadores espirituais da rica capital dos Seljúcidas. Aos 37 anos, Rumi já se tornara mestre, versado em filosofia, poesia clássica, teologia, jurisprudência e moral. Possuidor de uma reputação consolidada, centenas de discípulos seguiam-no. Enfim, Rumi tornara-se o legítimo herdeiro espiritual de seu pai.

É nesse momento, no exato *mezzo del camin* de sua vida, que se dá o acontecimento mais extraordinário, inspirador de toda uma tradição mística: no dia 28 de novembro de 1244 (26 Jumada do ano 642 da Hégira), Rumi depara-se com um insólito personagem: Shams ud-Din de Tabriz. Inúmeros relatos da época registram esse encontro, alguns claramente alegóricos, outros mais verossímeis. Apresento aqui algumas destas versões:

Vindo da *madrassa* (escola religiosa muçulmana) acompanhado de seus discípulos, Rumi cavalgava um burrico. Ao passar perto de um caravançarai, um homem que estava à margem do caminho pôs-se à sua frente e dirigiu-lhe a seguinte pergunta: "Tu, que és o grande conhecedor de teologia e das escrituras, responde-me: quem é maior, o Profeta Muhammad ou Bayazid Bistami?" — Rumi respondeu sem hesitar: "Muhammad foi sem dúvida o maior de todos os santos e profetas". — "Se é assim", replicou Shams, "como explicas que Muhammad disse: 'Não Te conhecemos, Senhor, como deves ser conhecido', enquanto Bayazid exclamava: 'Glória a mim! Imensa é minha glória.'?" Ao ouvir isso, Rumi desmaiou. Quando despertou, levou Shams para sua casa e lá ficaram a sós, em santa comunhão, por quarenta dias.

Aflâki, o maior biógrafo de Rumi e um dos principais membros de sua escola mística, conta-nos, na sua obra clássica *Os Santos Dervixes Girantes,* escrita poucos anos após a morte de Rumi, mais detalhes dessa comunhão:

> Por três meses eles ficaram, dia e noite, em retiro, ocupados no jejum do *vesal* (união com o objeto amado); não saíram uma única vez e ninguém teve a ousadia ou o poder de violar seu isolamento.

Segundo outra versão desse encontro, Rumi ensinava seus discípulos em sua casa e tinha diante de si uma pilha de livros. Durante a aula um homem entrou e, após cumprimentar os presentes, sentou-se num canto da sala. Apontando para os livros, o visitante perguntou: "O que é isso?" Rumi, incomodado pela interrupção, respondeu secamente: "Tu não sabes o que é isso". Imediatamente os livros incendiaram-se. Perplexo e assustado, Rumi dirigiu-se ao estranho: "O que é isso?" O estranho apenas repetiu: "Tu não sabes o que é isso", e retirou-se tranquilamente da sala. Rumi abandonou a classe e saiu desesperado em busca do estranho, mas não pôde encontrá-lo.

Uma terceira versão da mesma história foi contada por Jami, grande poeta persa do séc. XV:

Enquanto falava a seus discípulos, Rumi empilhara seus livros à borda de um tanque. Shams apareceu e perguntou o que continham aqueles livros. Rumi respondeu: "Aqui só há palavras, em que te podem interessar?" Shams ud-Din apanhou os livros e jogou-os dentro d'água. Rumi esbravejou, furioso: "O que fizeste, dervixe? Alguns desses livros continham manuscritos importantes de meu pai, que não se encontram em nenhum outro lugar". Então, para espanto de Rumi e dos discípulos, Shams enfiou a mão no fundo do tanque e retirou intactos, um a um, todos os livros. Maulana lhe perguntou: "Qual é o segredo?" Shams ud-Din respondeu: "Isso é o que se chama prazer ou desejo de Deus (*dhawq*), e êxtase ou estado espiritual (*hal*); tu não sabes o que é isso".

Particularmente sugestiva é uma outra variante dessa história, segundo a qual Shams teria jogado os manuscritos do pai de Rumi no fundo do tanque, retirando-os depois com todas as páginas secas e intactas, porém em branco: a água havia apagado as palavras de Baha'ud-Din, como um sinal para que Maulana pudesse então imprimir as suas próprias.

Sobre Shams, os comentaristas da época dizem que ele havia adquirido um estatuto de santidade já em Tabriz, muito antes de seu encontro com Rumi, ainda que parecesse ser apenas um dervixe errante, solitário e alheio às convenções humanas. Shams é, em geral, descrito como uma figura estranha, envolta num escuro manto de feltro ordinário, de caráter excessivamente altaneiro, agressivo e dominador. Aparentava ter sido um jovem de rara beleza.

Muitos autores descrevem-no como uma personalidade avassaladora. Viajava constantemente pela Síria e pelo Iraque entrevistando-se com os mestres espirituais da época e, com seu duríssimo arsenal crítico, derrubando seus argumentos e todas as suas pretensões de ter alcançado a verdade. Parece haver-se encontrado inclusive com Ibn Arabi, um dos pilares de toda a tradição sufi, julgando-o imaturo e arrogante; comparou-o, num de seus textos, a um seixo, enquanto Rumi seria a pérola. É antológico o seu encontro com o mestre Owhad ud-Din Kermani, conhecido por contemplar a beleza divina em belos jovens. Ao visitá-lo, Shams perguntou-lhe sobre a natureza de sua contemplação, e Kermani respondeu: "Posso ver a lua refletida na água deste vaso". Shams redarguiu, repreendendo-o severamente: "Se não tens um furúnculo na nuca, por que não diriges teu olhar diretamente para o céu?"

Devido a esse temperamento irrequieto, próprio do buscador insaciável, Shams foi apelidado de *parinda* (o pássaro, ou o voador). Tendo sido discípulo do sheik Abu-Bakr, cesteiro de profissão e respeitadíssimo em Tabriz, com ele aprendeu a desenvolver a ascese mística. Com o passar do tempo, contudo, o ensinamento de seu mestre pareceu-lhe insuficiente, conforme nos indica o próprio Shams: "Sheik Abu-Bakr possui a embriaguez de Deus, porém não possui lucidez após a embriaguez". De seu pai, ele dizia: "Era um bom homem e possuía certa nobreza... mas não era um amante de Deus. Uma coisa é um bom homem; um amante, outra muito distinta" (*Maqalat*, 124).

O historiador iraniano Sadiq Guharin assim o descreve, apoiado em um texto provavelmente extraído de Daulat Shah, autor do século XIII:

Shams de Tabriz tem sido descrito um tanto duramente por algumas pessoas. Dificilmente ele teria a aprovação dos homens de poder ou dos escritores oficiais. Por outro lado, seus simpatizantes descrevem-no como alguém tão discreto que era capaz de viver numa cidade por anos como um desconhecido, evitando assim que seu disfarce favorito, o de simples mercador, fosse descoberto. Conta-se, por exemplo, que ele passou um ano em Damasco e sua única refeição ocorria em uma visita semanal a uma hospedaria, onde pedia uma tigela da água em que haviam cozinhado uma cabeça de ovelha, após haverem dela retirado os restos de gordura. O dono da hospedaria acabou reconhecendo a eminência espiritual do seu freguês e, em sinal de respeito, deu-lhe um dia uma tigela de boa sopa e um pedaço de pão fresco. Ao perceber que havia sido reconhecido, o santo homem retirou-se com a desculpa de que iria lavar as mãos, e sumiu da cidade.

Aflâki acrescenta que, certa vez, Shams hospedou-se em uma taverna fazendo-se passar por um rico mercador. No entanto, em seu quarto nada havia além de um pote de água quebrado, um colchão velho e um travesseiro de barro. Quebrava o jejum apenas a cada dez ou doze dias com um guisado de pé de ovelha.

Daulat Shah nos diz ainda de Shams:

Shams de Tabriz estava em busca de um homem com quem pudesse compartilhar seus assuntos espirituais e que fosse capaz de suportar o impacto de sua personalidade dinâmica, que pudesse receber e embeber-se de sua experiência; alguém que ele pudesse sacudir, destruir, construir, regenerar e elevar. Era a busca desse homem que o levava a voar como um pássaro de um lugar a outro. Seu mestre, Ruknu'd-Din Sanjabi, finalmente colocou-o no rumo certo, encaminhando-o a Konya. Lá chegando, alojou-se no caravançarai dos vendedores de açúcar. Foi então que se deu o notável encontro com Rumi.

O próprio Shams conta, no *Maqalat Shams-i Tabrizi* (Discursos de Shams de Tabriz), obra em que foram compiladas suas reflexões e ensinamentos, o que significou seu encontro com Rumi:

Eu tinha em Tabriz um mestre espiritual, Abu-Bakr, e foi dele que obtive todas as santidades. No entanto, havia em mim algo que meu mestre não pôde ver; de fato, ninguém era capaz de vê-lo. Mas meu senhor Maulana o viu.

Eu era água estagnada, fervendo e entornando-me sobre mim mesmo e já começando a cheirar mal, até que a existência de Maulana me encontrou; então aquela água começou a correr e continua correndo doce, fresca, saborosa. (*Maqalat*, 245-246).

Shams, após o jejum de união com Rumi, que havia durado quarenta dias, passou a viver na casa do celebrado mestre de Konya, cuja atenção foi inteiramente capturada pela figura do dervixe errante. Rumi abandonou as aulas e conversas com seus discípulos e nada mais fez senão dialogar com Shams. Esse longo encontro fundiu dois homens espiritualmente realizados, duas almas em idêntica condição de despertar, dois espíritos igualmente sedentos de um confidente com quem pudessem trocar, como jamais o haviam feito, seus estados mais sutis de entendimento e experiência mística. O encontro de Rumi e Shams ficou conhecido na tradição sufi como "o encontro de dois oceanos".

Os que escreveram sobre Shams afirmam que era um homem maduro quando chegou a Konya; alguns calculam sua idade em 45 anos, outros em 60 ou mesmo em 65 anos. Apesar da imprecisão, era certamente mais velho que Rumi. Shams, um espreitador, negava-se a fazer qualquer tipo de revelação sobre sua história pessoal. Segundo James Cowan, sua família era ismaelita e seguia uma linha de dissidentes do islamismo sunita que tinham, entre seus postulados de vida, a prática de se fazerem passar por loucos ou tolos. Vinha da tribo dos *Hashishins*, da Síria, liderada pelo legendário Alaodin, conhecido como "O Velho da Montanha", cujas práticas rituais admitiam várias formas de estados alterados de consciência, como o êxtase místico através da dança. Marco Polo conheceu seus integrantes e, nos capítulos 23 a 25 das *Viagens*, relata inclusive o uso de drogas para intensificar estados de consciência, nos quais se vislumbrava um maravilhoso jardim onde corriam arroios de vinho, leite, água e mel, habitado por belas mulheres dispostas à satisfação de todos os deleites, imagem bem próxima à do Paraíso corânico. Possivelmente Rumi tenha aprendido com Shams a busca do êxtase místico através da dança.

A origem ismaelita de Shams predispunha-o também à ideia do *Imam* oculto, o Encoberto, o Mestre apontado por Deus para ser regente da Terra. Eis por que ele vagava pelo mundo em busca da verdade suprema incorporada num ser humano equivalente a ele mesmo. Sua peregrinação levou-o a Konya, a Maulana Rumi, seu *Imam* oculto e, paradoxalmente, ao seu próprio ocultamento aos olhos do amigo perfeito. Marshall Hodgson, principal historiador da Ordem dos *Hashishins*, esclarece-nos: "Há uma estranha associação de Shams de Tabriz, o místico inspirador do grande poeta da Anatólia, Jalal ud-Din Rumi, com o islamismo. Daulat Shah toma-o por filho de Hassan III, enquanto ismaelitas tardios o consideram um de seus *imams*. Em algum lugar, pois, a tradição ismaelita deve ter tocado ombros com a tradição de Rumi" (p. 276). Assim, se contamos a história do *Divan de Shams de Tabriz* também a partir da perspectiva de Shams (ampliando a leitura mais comum, que se fixa exclusivamente no ponto de vista de Rumi), o que temos é um jogo místico de espelhos, dramático e profundo, em que Shams buscou o Encoberto e acabou ocupando, ele mesmo, esse lugar único e absoluto.

Entre esses dois homens houve um profundo intercâmbio e comunhão de naturezas. Rumi, a personalidade serena, cultivada nas letras clássicas, havia seguido uma trajetória espiritual moldada exatamente à imagem de seu pai; Shams, o espírito livre de biografia, patrimônio ou genealogia, impulsivo, indiferente às convenções e a todo saber estabelecido, havia crescido à custa de constantes e sucessivas rupturas e desmascaramentos. Ao encontrá-lo, Maulana esvaziou-se de vez de todo saber supérfluo e preencheu-se de avassaladora inspiração mística e poética. Quanto a Shams, aquietou-se, aceitando finalmente submeter-se a um mestre à altura de sua exigência. Ambos mestres, assim mutuamente se tratavam. Shams foi claro ao afirmar que sua relação com Rumi estava muito além do modelo mestre-discípulo:

> "Quando cheguei até Maulana, a primeira condição foi de que não chegasse como um sheik. Deus ainda não criou o homem que possa agir como sheik para Maulana. Também não estou mais em condições de ser discípulo de ninguém, já estou muito além dessa etapa" (*Maqalat*, 33).

No entanto, ao menos na relação com Rumi, é Shams quem passa à história como o verdadeiro mestre, entendido como aquele que tudo dá e tudo sacrifica pelo crescimento espiritual do discípulo. Na linguagem da mística persa da época, Rumi divisou inequivocamente em Shams a imagem do *Insam al-Kamil*, o Homem Perfeito, conceito central da espiritualidade sufi, belamente descrito no clássico de Al-Jili, *Al-Insam Al-Kamil* (Do Homem Perfeito).

Consequências nefastas logo advieram do encontro entre Jalal ud-Din Rumi e Shams ud-Din de Tabriz. Para alguns dos discípulos de Rumi, a figura de Shams era motivo sobretudo de perplexidade: o que haveria nesse homem misterioso que fizera o mestre deixar de ensinar e regredir inexplicavelmente à condição submissa própria a um aprendiz? Já a outros membros da comunidade sufi incomodava o desrespeito que Rumi passara a manifestar para com a ortodoxia religiosa que até então havia encarnado: se antes considerava a música uma atividade pecaminosa, passara a ouvi-la, em êxtase, por horas seguidas, e dançava. Aqueles discípulos, com ciúmes dessa relação que os excluía, atribuíram tal mudança de caráter do mestre inteiramente à má influência exercida pelo estranho personagem. Em um texto da época, eis como Rumi explica esse momento de sua vida:

> Quando Shams chegou, senti acender em meu coração uma poderosa chama de amor por ele, e ele deliberou comandar-me de um modo despótico e definitivo. Shams me disse: "Deixa de uma vez por todas de ler as palavras de teu pai". Obedeci à sua ordem e desde aquele momento nunca mais as li. Em seguida ordenou-me: "Guarda silêncio e não te dirijas mais a ninguém". Cortei então todo contato com meus discípulos. Meus pensamentos eram o néctar de meus discípulos; eles sofreram por isso fome e sede. Surgiram então sentimentos negativos entre eles; e uma praga caiu sobre meu mestre.

Apesar dos veementes protestos de Rumi, Shams não mais suportou o despeito e o ressentimento gerados ao seu redor e decidiu partir de Konya. Assim, no mês Shawwal 21, ano 643 da Hégira (1246 d.C.), dezesseis meses após sua chegada, Shams ud-Din de Tabriz retomou sua sina de andarilho. Desesperado, Rumi buscou por toda parte notícias de seu paradeiro e viajou à sua procura.

No momento confuso e crítico em que se viu privado de seu amado, que passara a governar inteiramente sua vida, e já não mais se comportava como o mestre convencional que havia sido, Rumi começou a escrever os sublimes versos que o imortalizaram. As primeiras odes (gazéis) de que se tem notícia foram encontradas nas cartas que dirigiu a Shams, durante o período em que tentava trazê--lo de volta à sua cidade. A maioria desses gazéis e *rubáis* (quadras), porém, transpirava tal sentimento de paixão e perda, que os discípulos resolveram pedir perdão a Maulana por sua incompreensão e admitiram finalmente que Shams regressasse, na esperança de alegrar o coração do mestre querido. Shams foi então localizado em Damasco pelo próprio Rumi, de um modo extraordinário, tal como nos conta Aflâki, seu principal biógrafo:

Uma noite, Rumi sonhou com Shams. Sentado numa pequena taverna em Damasco, ele jogava dados com um jovem francês (*feringhi*), este também um buscador espiritual. Shams havia ganho todas as partidas e o perdedor, desesperado, estava a ponto de lançar-se violentamente sobre ele. Rumi despertou subitamente da visão e pediu a seu filho, Sultan Walad, que fosse a Damasco salvar Shams do perigo. Com efeito, Sultan Walad viajou imediatamente e, lá chegando, encontrou-o de fato na referida taverna sendo agredido e insultado pelo jovem. Walad prostrou-se aos pés de Shams, depositou ouro e prata sobre suas sandálias e implorou, em nome de seu pai, que regressasse a Konya. Ao ouvir isso, o jovem francês compreendeu que havia insultado um grande mestre e prostrou-se também a seus pés, envergonhado de seus atos, implorando que Shams o aceitasse como discípulo. Shams recusou-o dizendo: "Retorna à Europa; visita os buscadores de lá, sê o seu líder e recorda-te de nós em tuas orações". Shams concordou em regressar a Konya e Sultan Walad o guiou, indo a pé por todo o caminho ao lado do cavalo em que Shams ia montado.

Suscita mais que curiosidade a identidade desse misterioso jovem francês, perdido nos idos do remoto século XIII na lendária Damasco. Quem sabe, um sobrevivente dos cátaros em busca da luz espiritual que havia sido reprimida tão brutalmente no seu país de origem; quem sabe, um *fedele d'amore*; afinal, o código de amor cortês e o ideário da cavalaria espiritual foram adotados no Ocidente quando o mundo europeu entrou em contato com a tradição sufi. Este encontro deixa entrever a grandeza desse relato que une mítica, senão historicamente, as tradições espirituais do Oriente e do Ocidente.

Assim, quase um ano após sua partida, regressou à capital Sel-júcida o singular mestre errante chamado Shams ud-Din de Tabriz.

Rumi recebeu-o em estado de euforia e imediatamente retomaram a comunicação total e exclusiva à qual estavam destinados. Todavia, esse interregno de harmonia e trégua pouco durou. Logo os discípulos voltaram a conspirar contra a presença desse homem insólito que absorvia inteiramente todas as horas e os dias do antes piedoso, controlado e disponível Maulana. A conspiração, inclusive, parece ter-se iniciado dentro do próprio círculo familiar de Rumi. Shams casou-se com Kimiya, uma jovem enteada de Rumi e de sua segunda esposa, e o casal passou a viver em um pequeno quarto na casa de Rumi. Shams amava Kimiya imensamente, mas isto não impediu o acirramento das animosidades entre o casal e um dos filhos de Maulana, Aladin Muhammad, que teria liderado um segundo movimento conspiratório contra Shams.

Kimiya faleceu no final do outono de 1248. Alguns meses após sua morte, Shams outra vez retirou-se do círculo de Rumi e seus seguidores. A versão dada por Sultan Walad para o fim do convívio alude simplesmente a um segundo e último desaparecimento de Shams ud-Din, causado pelo repúdio dos discípulos de Rumi contra ele. Já outras versões, incluindo a do autorizado Aflâki, falam claramente de uma conspiração para dar fim a Shams. O grande Jami deixou-nos esta fascinante história, que aqui resumo:

> Certa noite, Sheik Shams ud-Din e Maulana Rumi conversavam a sós quando alguém de fora da casa solicitou a presença imediata do Sheik. Ele se levantou, dizendo a Maulana: "Sou chamado para a minha morte". Sete conspiradores aguardavam-no em uma emboscada e avançaram sobre ele com seus punhais; mas o Sheik emitiu um grito tão terrível que ficaram todos paralisados. Um deles era Aladin Muhammad, filho de Maulana, que durante o atentado recitava a frase do Alcorão: "Ele não é do teu povo". Quando recobraram os sentidos, nada viram além de algumas gotas de sangue. Desde aquele dia até hoje não houve nenhum sinal daquele monarca espiritual. Isso sucedeu no ano 645.

Annemarie Schimmel, em *The Triumphal Sun* (p. 22), baseando--se na versão de Jami e na descoberta de Mehmet Önder, ex-diretor do Museu de Mevlana em Konya, procurou reconstruir o ocorrido na noite de 5 de dezembro de 1248, corroborando assim a narrativa de época de Aflâki:

Rumi e Shams conversavam a altas horas quando alguém bateu à porta e solicitou a presença de Shams. Este saiu, foi apunhalado e jogado dentro do poço situado nos fundos da casa, um poço que até hoje existe. Informado sobre o sucedido, Sultan Walad correu a retirar o corpo do fundo do poço e sepultou-o às pressas ali perto, numa tumba feita de reboco, cobrindo-a depois com terra. Seria este o local em que mais tarde se ergueu o *maqam*, o memorial de Shams. Escavações recentes no *maqam*, por ocasião de algumas restaurações, provaram de fato a existência de uma tumba grande coberta de reboco datada da era Seljúcida.

Conta-se que, por muito tempo, Rumi não teve acesso ao que se passou naquela noite. Eis os versos que escreveu na porta dos aposentos de Shams:

Eu era neve,
teus raios me derreteram
e a terra me tragou;
agora, névoa do espírito,
refaço o caminho ascendente
de regresso ao sol.

Disseram-lhe que Shams ud-Din de Tabriz partira novamente para a Síria; Rumi retornou ao estado de lamento e de busca e viajou para procurá-lo. Por dois anos ele insistiu nessa busca, acompanhando cada nova notícia ou rumor da passagem de Shams pelos lugares mais distantes e insólitos, até desistir, curvando-se à fatalidade do seu desaparecimento. Como dizem todos os comentaristas, estudiosos, buscadores espirituais e meros apaixonados por essa divina história de amor humano, Rumi finalmente encontrou o sol de Tabriz dentro de si e com ele viveu até a morte: Shams vivia definitivamente no coração de Maulana.

Procurei deter-me um pouco mais longamente na história de Shams de Tabriz do que a maioria dos outros tradutores, porque é ainda muito pouca a informação sobre ele e juntei praticamente tudo que se encontra esparso entre as dezenas de traduções e ensaios sobre Rumi disponíveis no Ocidente. Duas das principais fontes sobre sua vida e obra ainda não foram traduzidas em nenhuma língua ocidental: nem o *Maqalat*, coletânea de seus sermões feita por terceiros, e nem o *Walad Nameh*, obra de Sultan Walad que conta também muitas histórias de Shams. Além disso, interessou-me esse personagem tão singular que foi capaz de inspirar uma das mais extraordinárias coleções de poesias de amor divino e humano jamais escritas.

A meu ver o que sucedeu entre Rumi e Shams foi algo extremamente raro, em que duas pessoas conseguiram penetrar as esferas recônditas da realidade extra-sensorial e extra-racional, e ver juntos a mesma dimensão, o mesmo espaço, a mesma fração da verdade absoluta. Mal podemos vislumbrar, com base no parâmetro frágil e reduzido de nossas experiências de identificação amorosa, a natureza desse encontro místico-amoroso, a surpresa arrebatadora, o milagre, a gratuidade infinita de uma comunhão nesse nível de entrega, profundidade e sutileza. Evidentemente, com isso não nego, mas justamente afirmo, que Rumi e Shams foram amantes como poucas vezes se registrou na história da humanidade, não apenas como lenda ou alegoria, mas como biografia, por muitos testemunhada e narrada. A questão consiste em situar, de um modo acessível ao nosso imaginário atual, a natureza desse amor vivido em Konya setecentos anos atrás.

A experiência do amor exclusivo pelo mestre pode ser encontrada em outras tradições místicas, notadamente na hindu, em que o guru é objeto de admiração irrestrita do discípulo. Mas essa fusão absoluta de dois indivíduos, em igualdade de estado e posição na relação, essa absorção mútua, total, parece única entre Rumi e Shams, como o afirma, entre outros, Mehmet Önder na sua obra *Mevlana and the*

Whirling Dervishes: "Ambos se completavam inteiramente; ninguém sabia dizer quem era o amante e quem era o amado" (p.83).

A natureza desse encontro amoroso nos é transmitida de modo ainda mais eloquente por uma parábola do próprio Shams:

Um mercador tinha cinquenta empregados que viajavam por terra e mar comprando e vendendo seus produtos. Um dia, porém, ele sonhou com uma pérola, e abandonou tudo para procurá-la. Soube então de um certo mergulhador capaz de alcançá-la. Ele se aproximou do mergulhador, e este veio a seu encontro. O mercador teve um sonho e o mergulhador confiou nele. A natureza daquela pérola estava oculta entre eles. O mergulhador é Maulana Rumi, o mercador sou eu, e a pérola está entre nós. (*Maqalat* 119-120)

Um paralelo ocidental à altura dessa identificação espiritual total entre duas almas realizadas poderia ser a relação entre São João da Cruz e Santa Teresa de Ávila. No livro de Walter Nigg, *Teresa de Ávila*, há uma foto do locutório com grade do convento da Encarnação, em Ávila, local onde, segundo o relato da Irmã Beatriz de Jesus, Teresa e seu confessor João da Cruz tiveram simultaneamente, em 1573, um êxtase místico, por ocasião de um colóquio através da grade.

Rumi buscava uma imagem viva do divino e estava apto a contemplá-la. Shams colocou-se no lugar do amado, o que permitiu a Rumi refletir e realizar-se nele. Sol-espelho, era a um só tempo o Sol da Verdade (*Shams ul-Haqq*, como é chamado no poema "A lua de Tabriz", que abre a presente antologia) e o espelho polido no qual Rumi pôde reconhecer seu próprio sol em pleno brilho. Shams tornou-se o véu invisível que se interpôs no caminho místico de Rumi, conduzindo-o a esse jardim de perfeitas delícias tão frequentemente descrito pelos grandes poetas persas, como Nizami, Hafiz e o mesmo Maulana.

Começamos por Shams, que, em árabe, significa Sol, a presença da luz no plano da manifestação. Assim, Shams ud-Din (o "Sol da

Religião") é apresentado por Jalal ud-Din (o "Revelador da Religião"). Jalal assume, portanto, o caráter de Lua, aquele que reflete e representa o Sol na sua ausência. Nas palavras de Shams: "Eu sou o Sol, Rumi é a Lua. Pode-se olhar para a lua, mas não para sol diretamente". No *Divan*, o par Sol-Lua, assim como seus desdobramentos amante-amado, mestre-discípulo, confunde-se, ou melhor, funde-se num único ser: para Rumi, Shams é a Lua (conforme vemos em "A lua de Tabriz"); para Shams, Rumi é o Sol. Ambos são recíproca e simultaneamente amante e amado, e cada um é para o outro a personificação do Amado por excelência. Henry Corbin, em *Creative Imagination in the Sufism of Ibn 'Arabi*, ao comparar a tradição místico-amorosa persa com a medieval, explica como este princípio teofânico e epifânico permeia o amor e a poesia mística:

A jovem que foi para Ibn Arabi em Meca o que Beatriz foi para Dante, foi de fato uma jovem em carne e osso, ainda que simultaneamente ela fosse "em pessoa" uma figura teofânica, a figura da *Sophia aeterna* (a quem os companheiros de Dante invocavam como a *Madonna Intelligenza*).

Idêntico papel teve Shams para Rumi: o objeto privilegiado de sua paixão amorosa e o arquétipo do divino nele encarnado. Do mesmo modo, a poesia mística não resulta da mera busca de imagens, alegorias ou metáforas adequadas à representação simbólica, mas de uma vivência, que envolve a totalidade da experiência humana: sensível, emocional, intelectual, amorosa e espiritual. Assim também, no ato da entrega amorosa, o amado não representa o Amado, mas o presentifica.

Ainda mais significativo é o comentário de Henry Corbin aos tratados de Ruzbehan Baqli de Shiraz, talvez o teórico mais importante da tradição iraniana dos *fedele d'amore*, imediatamente anterior a Rumi:

É o amor humano (Eros) que dá acesso ao *tawhid* esotérico [união mística], porque o amor é a única experiência efetiva capaz de, no limite, fazer-nos pressentir e às vezes realizar a unidade do amor, do amante e do amado (*Ruzbehan Baqli Shirazi et le soufisme de Fidèle d'amour*, p. 67)

O segundo (e definitivo) desaparecimento de Shams de Tabriz teve um efeito fundamental na poesia mística persa. Rumi, ardendo na separação lancinante de seu insubstituível amado, desenvolveu o *sama*, uma dança extática em que os dervixes giram em torno de si e ao mesmo tempo de um eixo projetado do centro, imitando os movimentos de rotação e translação dos planetas em torno do Sol. Assim, nas palavras de Rumi, do mesmo modo que o Universo se move na busca amorosa de Deus — o Amado por excelência — os buscadores perseguem em sua dança a personificação do amado, no caso de Maulana, Shams ud-Din. Alguns acreditam que o sama é uma adaptação das técnicas de exaltação religiosa que Shams praticava, e que se tornou uma característica da ordem sufi Mevlevi, fundada por seu filho Sultan Walad. Os praticantes dessa dança, que é também uma forma de meditação e êxtase, são conhecidos como os dervixes girantes.

Rumi, girando ao som da música, em transe místico, compunha odes e quadras, quase sempre inspiradas na ausência-presença de Shams ud-Din de Tabriz. Assim, o *Divan de Shams de Tabriz* compõe-se de poemas em sua maioria concebidos em transe e transcritos quase instantaneamente por seus discípulos, ou ditados deliberadamente a outrem. Eis como Sultan Walad descreve a vida de seu pai durante aqueles anos de dor e revelação poética:

> Noite e dia, em êxtase ele dançava,
> na terra girava como giram os céus.
> Rumo às estrelas lançava seus gritos
> e não havia quem não os escutasse.
> Aos músicos provia ouro e prata,
> e tudo mais de seu entregava.
> Nem por um instante ficava sem música e sem transe,
> nem por um momento descansava.
> Houve protestos, no mundo inteiro ressoava o tumulto.
> A todos surpreendia que o grande sacerdote do Islam,
> tornado senhor dos dois universos,
> vivesse agora delirando como um louco,
> dentro e fora de casa.
> Por sua causa, da religião e da fé o povo se afastara;
> e ele, enlouquecido de amor.
> Os que antes recitavam a palavra de Deus
> agora cantavam versos e partiam com os músicos.

Em algo, Shams e Rumi foram personalidades muito distintas. De Shams ficou-nos apenas uma obra, o *Maqalat*, além da parte, a ele dedicada, nas biografias narradas em *Os Santos Dervixes Girantes*, de Aflâki. Sobre o valor da palavra escrita, o próprio Shams dizia:

> Jamais cultivei o hábito de escrever. Na medida em que não a escrevo, a palavra fica dentro de mim. A cada momento ela se me mostra com uma face distinta. A palavra é pretexto, a Verdade retirou seu véu e revelou-nos a sua beleza.

Talvez por isso Rumi finalize tantos poemas com a expressão "Silêncio!", numa exortação a que as palavras ganhem vida no interlocutor. Essa palavra rica, multifária, bela, carregada de verdade, saiu do interior de Shams após seu ocultamento e surgiu, esplêndida, nos lábios inspirados de Rumi.

Como sucede com toda grande criação literária, uma coisa é a história de Rumi e Shams, tal como contada por seus discípulos e biógrafos; outra, a poesia inspirada por esse encontro de dois oceanos. Embora muitos dos poemas do *Divan* comentem os episódios dramáticos vividos por seu autor, a maioria deles universaliza a experiência amorosa e espiritual, e expressa as revelações de Rumi sobre a natureza última das coisas do céu e da terra, sobre a verdade suprema que se esconde sob o véu da ciência racional e das paixões terrenas. Shams inspirou esses poemas, mas nem todos falam apenas dele. No entanto, o sheik Shams ud-Din de Tabriz passou a ser, em poesia, a metáfora central da relação amorosa de Rumi com todo o universo: a natureza é Shams, o jardim é Shams, o moinho é Shams, Salah ud-Din Zarqub é Shams, Hussam ud-Din Chelebi é Shams, Rumi é Shams, o poema é Shams, o leitor também é Shams, e Shams é o Amado.

Tendo experimentado a união direta com o sol-criador, toda a criação passa a ser para Rumi um reflexo do Amado. Essa sintonia mística e poética com tudo que o cercava é o passo surpreendente e fundamental que nos dará a dimensão de sua realização espiritual: Rumi, o amante, acaba por transcender a figura humana e exclusiva de Shams e dirige seu amor para toda a manifestação.

Após o desaparecimento de Shams, Rumi caminhava pelo quarteirão dos ourives em Konya quando, ao ouvir o som dos martelos das oficinas, entrou em êxtase e pôs-se a dançar o *sama* em plena rua, em frente à loja de Salah ud-Din Zarkub, um velho amigo de Rumi. Homem simples e iletrado, havia estado presente a muitos encontros entre Maulana e Shams. Vendo o mestre em êxtase, Zarkub atirou-se a seus pés (o que está retratado na figura da página anterior). Naquele encontro, ocorreu entre eles uma intensa identificação místico-amorosa, e desde então o ourives passou a ter para Rumi estatuto similar ao de Shams, tendo sido também celebrado em alguns gazéis do *Divan*.

O sol do amor divino arderia ainda uma terceira vez no coração de Maulana Rumi. Em 1258, ano da morte de Zarkub, um de seus discípulos diletos, Hussam ud-Din Chelebi, solicitou ao mestre que redigisse um *masnavi* (poema de caráter filosófico-teológico) que ajudasse os estudantes a fixar seus ensinamentos tal como o faziam com a leitura dos *masnavis* de Sanai e Attar. Conta a história que Rumi atendeu a esse pedido recitando para Chelebi a célebre "Canção da Flauta" que abre o *Masnavi*. A partir daí, discípulo e mestre experimentam a mesma união de natureza místico-amorosa. Para Chelebi, Rumi ditou os doze livros de sua suma místico-teológica, o *Masnavi*. Tais encontros revelam a natureza da identificação amorosa que funda o *Divan de Shams de Tabriz*: o que foi vislumbrado em Shams, o primeiro raio solar, acabou por refletir-se no amor de Rumi por seus companheiros e discípulos, e por toda a criação.

A poesia de Rumi

A produção literária de Maulana Rumi é formidável. A edição completa de suas odes passa dos 40.000 versos. O *Divan de Shams de Tabriz* contém 3.230 gazéis, 44 *tarji'at*, forma poética composta de dois ou mais gazéis, num total de 1.700 versos, e cerca de 2.000 *rubayyáts*; é, até o momento, a maior coleção de poemas místicos jamais escrita.

Além da obra lírica, Rumi legou-nos o *Masnavi*, outra das expressões máximas da poesia mística persa e ao mesmo tempo tratado teológico-filosófico. O termo *masnavi*, ou *mathnawi*, designa uma fórmula métrica apta a integrar materiais de origem diversa: passagens corânicas, *hadiths* do Profeta, alegorias, sermões e anedotas. Composto de seis livros num total de aproximadamente 25.000 versos, o *Masnavi* é um dos grandes textos espirituais da mística universal, conhecido, na tradição sufi, como o "Alcorão em persa". Rumi escreveu ainda, em prosa, um inspirado volume de diálogos e textos breves denominado *Fihi ma fihi* (literalmente, "Nisto está o que está nisto", traduzido por Vitray-Meyerovitch por *O livro do interior*), ao estilo dos sermões e comentários filosófico-espirituais dos mestres cristãos, além de outros textos menores e uma coletânea de cartas.

Duas de suas obras maiores já foram apresentadas em português: uma seleção do *Masnavi* foi publicada em 1992 e o *Fihi ma fihi*, em 1993, ambos pelas Edições Dervish. O que se oferece ao leitor, agora, nesta seleção, é uma fração mínima do *Divan de Shams de Tabriz*.

Divan é o nome que se dá, em persa, à coleção dos poemas de um autor. Ao lado do *Divan* de Rumi, impacto maior tem causado até agora no Ocidente o *Divan de Hafiz*, poeta que floresceu um século após Maulana Rumi, considerado o artífice máximo do gazal

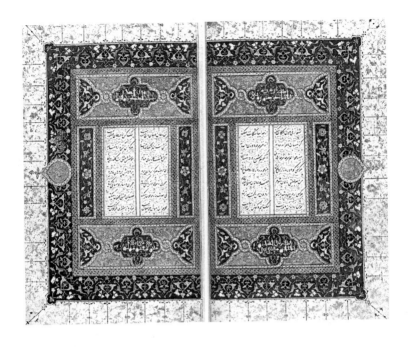

amoroso. Coerente com a excepcionalidade da relação espiritual que o gerou, o *Divan de Shams de Tabriz* não é um divan típico de um poeta árabe ou persa. O procedimento usual, nos divans, é que o autor termine cada gazal mencionando seu próprio nome, como o faz sempre Hafiz, por exemplo. No presente caso, Rumi efetuou uma transferência de identidade, ao atribuir seus poemas a Shams: ele os escreveu, ou os ditou, mas os poemas pertencem a Shams. Efetivamente, o nome de Shams é mencionado em aproximadamente mil gazéis, sempre, porém, em segunda pessoa, o que restaura, no plano do significado linguístico, a autoria dos poemas a Rumi, ao mesmo tempo que devolve a Shams o papel de objeto de seu amor poético.

Conforme dito, no *Divan de Shams de Tabriz*, todos os poemas estão na forma de gazal. Alguns de seus *rubáis* foram compostos em sequência e adquirem, às vezes, uma estrutura de sentido similar ao gazal; todavia decidi pela sua exclusão para preservar a unidade estilística desta antologia. Oxalá no futuro seja possível apresentar aos leitores de língua portuguesa uma seleção do *Rubayyát* de Rumi, tão belo e surpreendente como o seu conjunto de gazéis.

No *Divan de Shams de Tabriz*, aproximadamente mil gazéis terminam com o nome de Shams ou o mencionam em algum outro verso; 56 são dedicados a Salah al-Din Zarqub, um ourives de Konya que personificou o amado para Rumi após o desaparecimento de Shams, valendo-se de sua imagem como de um segundo espelho espiritual; 14 são dedicados a Hussam al-Din, discípulo a quem ele ditou o *Masnavi*; e 4 para outras personagens menos conhecidas. 2.150 gazéis não mencionam pessoas e, desses, cerca de 500 finalizam com a expressão *khamush* ("silêncio"). Muitos dos poemas desta antologia terminam com a exortação ao silêncio, de modo a criar uma espécie de cumplicidade com o leitor: Rumi, ao negar-se ao poema, recorda-nos que a verdadeira poesia nasce lá onde morrem as palavras proferidas.

É importante que o leitor faça uma ideia do que seja um gazal de Rumi para avaliar o que perde ao ler a presente tradução, ao tempo de poder valorizar, esperamos, o quanto ainda pode receber de significado e fruição poética. Em qualquer tradução de um gazal persa — seja de Rumi, Attar, Sana'i, Hafiz, Nizami, para citar apenas os poetas mais conhecidos — para uma língua ocidental, sacrifica-se muito esteticamente: a sonoridade, o ritmo do verso, as várias formas de rima, as aliterações, os jogos de palavras. E, no caso exclusivo de Rumi, perde-se ainda um outro efeito estético e linguístico particular e idiossincrático que consiste em introduzir, em inúmeros gazéis, palavras e expressões em grego, turco e árabe. O que procurei reter de Rumi, o máximo possível, foram as imagens e as metáforas originais, quase sempre preservadas pela maioria dos seus tradutores nas línguas

36

a que tive acesso. As odes a Shams de Tabriz utilizam um código simbólico extremamente elaborado, e realizar uma transcriação radical, tal como propõem Andrew Harvey ou Coleman Barks, conduziria inevitavelmente à edificação de um outro arcabouço simbólico, resultando na distorção da mensagem místico-filosófica de Rumi, nitidamente presente nesses poemas.

O gazal é um dos principais gêneros da poesia persa e foi desenvolvido ao lado da *qasidah* (o longo panegírico de cunho histórico e épico) e o *rubái* (a quadra lírica, filosófica ou mística que ficou famosa no Ocidente desde o surgimento da tradução de Edward Fitzgerald do *Rubayyát* de Omar Khayyam). Há que lembrar, inclusive, ser o gazal uma forma poética associada ao canto que continua extremamente viva no Oriente, sobretudo na sua forma semiclássica, escrita em urdu, ainda hoje corrente na Índia e no Paquistão e cultivada por grandes intérpretes, que alcançam enorme fama e audiência, tanto no subcontinente como na diáspora indiana ocidental.

Como os de hoje, todos os gazéis compostos por Rumi podem ser perfeitamente cantados. O gazal do período clássico, representado por expoentes como Nizami, Rumi e Hafiz, é uma ode lírica cujo número de versos raramente excede a vintena. Sua unidade estrófica é sempre o dístico, ou *beyt*. Cada dístico comporta dois hemistíquios, ou *misra*. No seu padrão mais convencional, os dois primeiros hemistíquios rimam entre si; em seguida, o segundo hemistíquio de cada dístico adota aquela mesma rima, resultando um esquema formal do tipo: aa/ba/ca/... Inúmeras são as possibilidades de métrica. Uma vez definido, porém, um determinado metro, deve-se empregá-lo até o final da composição. Cada gazal transmite a própria ideia do mosaico: por um lado, admite a improvisação, a exploração livre de um tema ou a justaposição de imagens independentes umas das outras; por outro, instaura igualmente uma atmosfera psicológica que lhe confere unidade em um plano mais abstrato.

Um exemplo de um dos grandes gazéis de Rumi permitirá ao leitor a oportunidade de saborear a sonoridade do idioma persa:

> *Shér-e man nan-e mesr ra manad*
> *Shab bar u bogzarad natani khord*
> *An zamanash bokhor ke taze bovad*
> *Pish az anke bar u neshindad gard.*

> (Meu verso é como o pão do Egito:
> a noite passa sobre ele e já não podes mais comê-lo.
> Devora-o enquanto está fresco,
> antes que o recubra a poeira do deserto.)

Ainda outro dístico, citado por J. Christof Burgel, ao descrever a dança mística do giro Mevlevi (*sama*) fascina pela sonoridade:

> *Biya ki tu'i jan-i jan-i sama*
> *Biya ki sarv-i ravani bi-bustan-i sama*

> (Vem, vem, tu que és a alma
> da alma da alma do giro!
> Vem, cipreste mais alto
> do jardim florido do giro!)

A julgar pelo volume de sua obra poética, Rumi parece ter escrito diariamente ao longo de quinze anos, até começar a redigir o grandioso *Masnavi*. Além disso, a maioria dos seus poemas foram compostos em estado de transe místico: ditava-os, cantava-os, recitava-os apenas, e seus discípulos os memorizavam e posteriormente os escreviam. Talvez por isso a sequência de imagens de alguns dos seus gazéis pareça, às vezes, ao leitor um tanto errática, livre, quase bizarra à primeira vista, a exigir uma segunda ou terceira leitura para que o campo de associações possa revelar sua coerência, permitindo uma melhor apreciação de sua estranha beleza. Todavia, apesar da extrema liberdade do seu processo de composição e da singularidade de muitas de suas imagens, impressiona a transparência da mensagem poética e doutrinal de Rumi.

Apesar de reverenciado nos últimos 700 anos como uma das maiores expressões da poesia em todo o mundo islâmico (persa, árabe, turco, urdu), Rumi só se tornou mais conhecido no Ocidente a partir do início do século passado, quando apareceram na Alemanha as primeiras traduções de excertos do *Masnavi* e do *Divan de Shams de Tabriz*, empreendidas por Joseph von Hammer Purgstall. Tais traduções inspiraram Goethe a escrever o fascinante *Divan do Ocidente e do Oriente*, em 1815, imitando o estilo de vários autores árabes e persas. Traduzo aqui o poema em que Goethe parafraseia Rumi, provavelmente a primeira homenagem (e ainda a mais ilustre) de um poeta ocidental à arte deste. O leitor poderá avaliar até que ponto conseguiu o poeta de Weimar captar a estética e a espiritualidade de Rumi, contrastando-o com os poemas *do Divan de Shams de Tabriz* que apresento.

Verweilst du in der Welt, sie flieht als Traum,
Du reisest, ein Geschick bestimmt den Raum;
Nicht Hitze, Kälte nicht vermagst du fest zu halten,
Und was dir blüht, sogleich wird es veralten.

(Se te apegas ao mundo,
como um sonho ele voa;
se foges, o destino cruel
cerca o espaço em que te moves:
nem calor nem frio
és capaz de reter,
e tudo que para ti floresce
em breve há de fenecer.)

O reconhecimento da excepcional qualidade poética de Rumi, todavia, deu-se um pouco depois, em 1819, com a coleção de 44 gazéis traduzidos, com raro bom gosto romântico, por Friedrich Ruckert. Essas traduções (que são mais propriamente recriações) obtiveram enorme receptividade no meio intelectual europeu do século dezenove, o qual vivia uma forte onda orientalizante; a tal ponto que chegaram a ser traduzidas para o inglês por William Hastie, em 1903, na Escócia, com o sugestivo título de *The Festival of Spring from the Divan of Jalal ed-Din*. O belíssimo gazal a que dei o título de "A Morte e o Amor" encontra-se tanto em Ruckert quanto em Hastie; sua dramática estrofe final foi citada por Sigmund Freud no seu ensaio sobre o 'caso do presidente Schreber':

> Lá onde nasce o verdadeiro amor
> morre o 'eu', esse tenebroso déspota.
> Tu o deixas expirar no negro da noite
> e livre respiras à luz da manhã.

De fato, algumas das melhores traduções de Rumi para línguas ocidentais têm sido, até o momento, as alemãs. Seguindo a rica adaptação da forma gazal ao verso alemão inaugurada por Ruckert, Annemarie Schimmel apresentou uma seleção de poemas intitulada *Aus dem Diwan*, todos em belos versos rimados. Igualmente rimada é a tradução de Burgel, elegante e bem anotada, intitulada *Licht und Reigen*.

A voz poética de Rumi, no entanto, tem sido associada até hoje ao gosto passadista e vitoriano do grande estudioso inglês Reynold Alleyne Nicholson. A ele devemos uma autorizada edição de 48 gazéis, com tradução e fartos comentários e notas, publicada em 1898 com o título de *Selected Poems from the Divani Shamsi Tabriz* e reeditada inúmeras vezes ao longo do presente século. Não somente sua tradução foi muito difundida, como serviu de inspiração para inúmeras recriações, muitas das quais recentes. James Cowan, John Moyne, Coleman Barks e Andrew Harvey, entre outros, reapropriaram-se poeticamente dos versos empolados de Nicholson, no afã de modernizar o seu gosto e provavelmente expandir o seu efeito. O maior defeito, porém, da tradução de Nicholson é que a artificialidade de seus versos não permite esse tom íntimo, de proximidade, transparência e cumplicidade que é tão característico da expressão poética de Maulana Rumi.

Após Nicholson, seu discípulo A. J. Arberry apresentou a maior coleção de gazéis de Rumi no Ocidente: traduziu 400, todos eles de um modo absolutamente literal, correto, mas desastroso do ponto de vista literário. O próprio Arberry advertia que sua tradução fazia um mínimo de concessão estética tendo em vista a inteligibilidade do texto.

Na presente seleção encontram-se alguns dos poemas mais famosos de Rumi, celebrados também entre os seus conterrâneos: "A lua de Tabriz", sem dúvida uma página gloriosa da poesia mundial, abre a antologia; o "O homem de Deus", poema central para a visão sufi da vida; "Mundos Infinitos", que o grande Sa'adi considerava a mais bela peça lírica de toda a literatura persa; "Tu e Eu", paradigma maior de expressão da experiência mística universal, e que é encontrado em praticamente todas as coletâneas conhecidas.

Procurei cotejar as traduções existentes em vários idiomas de cada poema que selecionei, em busca de uma maior segurança de significado ao recriá-los em português. De alguns, cheguei a consultar mais de uma dúzia de traduções; de muitos, consultei mais de seis. Na maioria dos casos, baseei-me principalmente nos autores que se propuseram a transmitir um texto mais próximo do literal: Nicholson, Arberry, Vitray-Meyerovitch, Chittick, Schimmel, Burgel, Bausani e Star e Shiva. Julguei, como o fizeram alguns tradutores, igualmente necessário intitular cada poema (Rumi não lhes deu título) para facilidade de reconhecimento e individualização temática do gazal. No caso daqueles cujos nomes já são tradicionais, como "Tu e Eu", resolvi conservá-los idênticos; a maioria deles, porém, é de minha autoria.

O *Divan* não foi para mim um álibi para escrever alguns poemas com minhas elaborações simbólicas ou metafóricas preferidas, pois isso desvirtuaria o simbolismo próprio do autor. Ainda que minha voz esteja inevitavelmente presente, procurei preservar o quanto pude as imagens e metáforas originais de Rumi, o que pôs um limite deliberado à minha tarefa de tradutor. Por outro lado, tive de respeitar

41

a imagética mais característica da língua portuguesa, o que em boa parte norteou o processo de seleção. Um projeto de tradução de algum modo similar ao aqui empreendido foi o de Paul Smith que, em 1983, recriou em inglês os gazéis do *Divan de Hafiz*, após compilar todas as traduções inglesas do mestre de Shiraz, desde a primeira delas de Sir William John, de 1771. Ambos buscamos a maior fidelidade possível ao espírito dos poemas, restaurando seu simbolismo original, que muitas vezes passou desapercebido pelos vários tradutores.

Os poemas aqui apresentados foram escritos entre 1245 e 1260; mais de setecentos anos, pois, me separam, enquanto tradutor e intérprete, do seu autor. Igualmente gigantescas são as distâncias geográficas, linguísticas, culturais e de convenções literárias. Rumi viveu na Turquia, numa sociedade de valores muçulmanos, tendo o Alcorão como principal fonte de significado e orientação para a vida, sob um regime dinástico, num meio social em que se falava turco, grego, persa e árabe.

Além de esforçar-me por absorver o mundo de Rumi, tive de superar a opacidade de tantos e tão diversos tradutores ao tempo de sintonizar-me com os climas semânticos e de sensibilidade estética próprios de cada uma das línguas de que traduzi — inglês, alemão, francês, espanhol e italiano. Eis que atravessei o tom romântico orientalizante de Friedrich Ruckert e seu reflexo tardio em William Hastie; o neo-classicismo vitoriano militante de Nicholson; o literalismo vitoriano tardio e quase sempre sofrível de Arberry; os delírios setecentistas de Colin Garbett; o rigor e a despretensão de Eva de Vitray-Meyerovitch; a inspiração e a incorporação da experiência pessoal de Helminski; os experimentalismos e as transcriações de Robert Bly, Coleman Barks e John Moyne; o preciosismo das rimas de Tajadod e Jean-Claude Carrière; os estilos austero e elegante de Annemarie Schimmel e Johann Christoph Burgel; a transparência e a simplicidade de Bausani e Jonathan Star e Sharam Shiva;

as inúmeras tentativas de tantos outros por tornar-se intérpretes atualizados de Rumi, tais como Ergin, Liebert, James Cowan, Andrew Harvey e Nader Khalili.

Utilizei versos livres, como o fizeram a maioria dos tradutores. Excetuando-se as versões para o alemão de Schimmel e Burger, as poucas tentativas de rimar poemas de Rumi me pareceram insatisfatórias. Todavia procurei manter uma unidade rítmica que permitisse, em português, o sentido do *beyt*, o dístico básico. Em alguns casos, os versos do dístico são portadores de uma condensação tão intensa de significado que sua tradução exigiu um desdobramento em três ou mais versos. Tal efeito não foi exclusivo deste ou de um único tradutor; é possível percebê-lo nos poemas que receberam mais de uma tradução.

Surpreendentemente, a poesia de Rumi parece ter sobrevivido a todas essas opacidades e a todas essas barreiras: seus versos surgem atuais, próximos, diretos, atemporais, isentos da fixação etnocêntrica que tantas vezes nos impede de abraçar com facilidade uma obra literária proveniente de outra civilização: falam-nos como se seu autor vivesse entre nós. O que disse o próprio Rumi, citando o Alcorão, num gazal aqui apresentado, repetimos: "Ele está entre nós".

Afinal, é o próprio Rumi que nos diz: "seja teu amor deste ou do outro mundo, terminará por conduzir-te à outra margem". Oxalá possa o leitor divisar esse caminho indicado pelos versos sublimes do *Divan de Shams de Tabriz*.

José Jorge de Carvalho
outubro de 1996

Amor e Teofania

José Tadeu Arantes

Muhammad, o profeta do Islam, afirmou que Deus se oculta com setenta mil véus de luz e escuridão: "se Ele os levantasse, o esplendor de sua face consumiria todo aquele que a mirasse". Na impossibilidade de contemplar o Amado em sua realidade última, amantes de distintas épocas e lugares buscaram vislumbrar-lhe as feições através de diferentes veladuras. Para os cristãos, a presentificação por excelência do Divino é a forma sensível do Cristo encarnado. "Ninguém jamais viu a Deus", diz o famoso prólogo do Evangelho de João. "O Filho unigênito, que está voltado para o seio do Pai, este o deu a conhecer". E, no mesmo livro, o próprio Jesus proclama, para escândalo dos religiosos formalistas: "Eu e o Pai somos um".

Ainda no seio do cristianismo, porém, uma outra possibilidade — e necessidade — de relacionamento entre o homem e Deus constituiu, pouco a pouco, o culto de Maria, como manifestação, no espaço e no tempo, do arquétipo eterno da Mãe Divina, síntese dos aspectos femininos da Divindade. Para milhões de cristãos, é através do rosto suavíssimo e consolador da Virgem que se vislumbra Deus nos momentos de intensa comunhão amorosa. E, nos corpos de diferentes tradições espirituais, condicionadas pelo contexto cultural e necessidades mais íntimas de cada coração humano, as formas da devoção podem multiplicar-se, conforme a pluralidade dos Nomes e Atributos do Ser. Nessa perspectiva, mesmo as religiões chamadas politeístas só o são de um ponto de vista bastante limitado e literal. Em tradições altamente elaboradas, como o hinduísmo, que os mestres indianos preferem chamar de *Sanatan Dharma* (Religião Eterna), o politeísmo popular é somente a epiderme de um unicismo profundo. Sábios realizados, como Adi Shankaracharya e outros, trabalharam esse politeísmo ao longo de séculos, identificando, por trás de cada fisionomia de deus ou deusa, a verdadeira face do Deus único.

No caleidoscópio da filosofia grega, tal concepção unitária encontrou sua expressão mais elaborada na escola neoplatônica, no século 3 d.C.. Plotino, o maior filósofo neoplatônico, expressou-a numa construção intelectual de excepcional beleza. Para esse filho do Egito helenizado, todos os entes seriam manifestações de um único ser: o Uno, que corresponde à nossa noção intuitiva de Deus. Em sua realidade última, tal ser estaria além da compreensão racional e mesmo da capacidade descritiva das palavras, pois a linguagem pressupõe uma separação entre o sujeito (que fala) e o objeto (do qual se fala), ao passo que ele transcenderia toda dualidade. Por emanação, o Uno teria originado tudo o que existe. Mas os entes criados o manifestariam com diferentes graus de completude e perfeição.

Para explicar essa passagem da unidade à multiplicidade, Plotino recorreu à metáfora da luz. Assim como a luz, sem deixar de ser luz, decai em intensidade à medida que se afasta da fonte luminosa, também a emanação do ser teria constituído, sucessivamente, camadas cada vez mais esmaecidas de realidade. Primeiro, o espírito, sede das ideias universais, consideradas as causas primeiras dos entes. Depois, a alma do mundo, que penetraria, vivificaria, ordenaria e governaria todo universo material, derivando dela as almas particulares. Por último, a matéria, múltipla e imperfeita. Se o Uno é identificado por

Plotino com a origem ofuscante de toda luz, a matéria se associa ao derradeiro lampejo luminoso, já no limite das trevas. Mas os entes emanados do Uno a ele retornariam, num movimento de conversão à fonte original. E esta ideia traduziu-se numa concepção evolucionista da natureza.

Do sistema filosófico neoplatônico decorre a visão da realidade como um todo unitário, porém estruturado numa hierarquia de níveis. Nessa 'Grande Corrente do Ser', ao mesmo tempo única e constituída por diferentes elos, cada hipóstase, ou patamar da hierarquia vertical, desdobra-se horizontalmente na pluralidade dos entes individuais. Assimilado, não sem dificuldades e conflitos, pelas maiores religiões do monoteísmo semita (judaísmo, cristianismo e islamismo), esse sistema metafísico devolveu-lhes, em linguagem filosófica, as porções da Verdade que seus próprios místicos haviam recebido através da experiência direta. Pois não era outra a visão de realidade dos cabalistas judeus, dos contemplativos cristãos e dos sufis muçulmanos.

A síntese da especulação neoplatônica com a pulsação viva das religiões reveladas influenciou profundamente a filosofia, as ciências e as artes medievais, fazendo-as conceber a natureza inteira como uma teofania ou manifestação de Deus. Para o sábio medieval, integrado no corpo das tradições espirituais, nenhum ente ou evento da natureza tinha existência puramente factual. Devia, ao contrário, ser pensado como um símbolo, sinal visível da Divindade invisível, que cabia ao homem interpretar. Foi nesse privilegiado contexto espiritual que viveram os dois maiores nomes da mística sufi, Muhyi--ud-Din Ibn Arabi (1165-1240) e Jalal ud-Din Rumi (1207-1273). Embora dominassem, cada um a seu modo, todo o conhecimento formal disponível na época, foi menos por aprendizado teórico do que pela experiência direta que recolheram o oceano de sabedoria expresso em suas obras.

Inundado desde a puberdade por revelações místicas, Ibn Arabi as comunicou — na medida em que isto é possível — na mais extensa obra literária já produzida por um único homem. E, de uma ponta a outra, essa obra torrencial é informada pelo *tawhid*, a declaração da unidade de Deus. Para Ibn Arabi, a primeira *shahadah*, ou profissão de fé do Islam, "*La ilaha ill'Allah*" ("Não há outro deus além de Deus"), deve ser entendida de maneira absolutamente radical: "Não há outro ser além do Ser", "Não há outra realidade além da Realidade". Engendrados pela efusão divina, todos os entes são manifestações de Deus. Explicando esse conceito ontológico, o sufi persa Abd ar-Rahman Jami escreveu que "a Majestade de Deus" se revela de duas maneiras. Uma delas, interior, puramente inteligível, chamada pelos sufis de "Santíssima Efusão", consiste na autorrevelação de Deus, manifestando-se na eternidade a Si mesmo, sob a forma dos arquétipos e dos que estes implicam de qualidades e capacidades. A outra, exterior, objetiva, denominada "Santa Efusão", consiste na manifestação de Deus nos entes corpóreos, que atualizam, presentificam as qualidades e capacidades arquetípicos.

Mestre supremo do *tawhid*, Ibn Arabi foi capaz de reconhecer o Divino através das formas humanas da bela Nizam, por quem se apaixonou em sua peregrinação, ao mesmo tempo exterior e interior, à Meca. O mesmo fez Rumi em relação a Shams de Tabriz. Qualquer que tenha sido a forma da relação de Rumi e Shams, não resta dúvida que o mestre de Konya viu no misterioso dervixe uma manifestação corpórea do Divino, no mais alto grau de completude e perfeição, como nos mostra José Jorge de Carvalho em sua belíssima introdução. Só em termos teofânicos pode ser compreendido o estranho objeto dessa poesia que Rumi arrancou de dentro de si na dor da separação.

O *Divan de Shams de Tabriz* é a expressão de uma ausência. Através da forma consoladora de Shams, Rumi privou da intimidade do Ser. O desaparecimento do incomparável dervixe o mergulhou numa privação sem consolo. Afastado do brilho do Criador, manifestado no "Sol de Tabriz", toda a criação lhe parecia um pálido reflexo. "Decerto viste as árvores crescendo na terra", escreveu o poeta. "Mas quem há de ter visto o nascimento do Paraíso?". E essa ausência se afirma como presença ao longo dos gazéis. Consumido pelo fogo da paixão, Rumi, o amante, realiza o Amado dentro de si, e torna-se mestre consumado do Caminho. Quando atravessou pela primeira vez o vale da separação, o poeta escreveu: "Feliz o momento em que nos sentarmos no palácio, dois corpos, dois semblantes, uma única alma — tu e eu". Mais adiante, porém, com a certeza de quem aprendeu a partir da própria experiência, ele diz: "Tu, que conheces Jalal ud-Din. Tu, o Um em tudo, diz quem sou. Diz: eu sou tu".

José Tadeu Arantes
outubro de 1996

DIVAN DE SHAMS DE TABRIZ

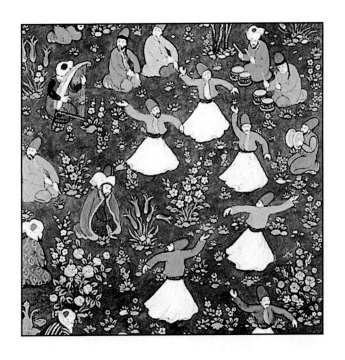

[A lua de Tabriz]

Com a maré da manhã surgiu no céu uma lua.
De lá desceu e fitou-me.

Como o falcão que arrebata o pássaro,
essa lua agarrou-me e cruzou o céu.
Quando olhei para mim, já não me vi:
naquela lua meu corpo se tornara,
por graça, sutil como a alma.

Viajei então em estado de alma
e nada mais vi senão a lua,
até que o segredo do saber divino
me foi por inteiro revelado:
as nove esferas celestes fundiram-se na lua
e o vaso do meu ser dissolveu-se inteiro no mar.

Quando o mar quebrou-se em ondas,
a sabedoria divina lançou sua voz ao longe.
Assim tudo ocorreu, assim tudo foi feito.

Logo o mar inundou-se de espumas,
e cada gota de espuma
tomou forma e corpo.

Ao receber o chamado do mar,
cada corpo de espuma se desfez
e tornou-se espírito no oceano.

Sem a majestade de Shams de Tabriz
não se poderia contemplar a lua
nem tornar-se mar.

[O mundo além das palavras]

Dentro deste mundo há outro mundo
impermeável às palavras.
Nele, nem a vida teme a morte,
nem a primavera dá lugar ao outono.

Histórias e lendas surgem dos tetos e paredes,
até mesmo as rochas e árvores exalam poesia.
Aqui, a coruja transforma-se em pavão,
o lobo, em belo pastor.

Para mudar a paisagem,
basta mudar o que sentes;
e se queres passear por esses lugares,
basta expressar o desejo.

Fixa o olhar no deserto de espinhos.
– Já é agora um jardim florido!
Vês aquele bloco de pedra no chão?
– Já se move e dele surge a mina de rubis!

Lava tuas mãos e teu rosto
nas águas deste lugar,
que aqui te preparam um fausto banquete.
Aqui, todo ser gera um anjo;
e quando me veem subindo aos céus
os cadáveres retornam à vida.

Decerto viste as árvores crescendo da terra,
mas quem há de ter visto o nascimento do Paraíso?
Viste também as águas dos mares e rios,
mas quem há de ter visto nascer
de uma única gota d'água
uma centúria de guerreiros?

Quem haveria de imaginar essa morada,
esse céu, esse jardim do paraíso?
Tu, que lês este poema, traduze-o.
Diz a todos o que aprendeste
sobre este lugar.

[O pão do meu verso]

Meu verso é como o pão do Egito:
a noite passa sobre ele e já não podes mais comê-lo.

Devora-o enquanto está fresco,
antes que o recubra a poeira do deserto.

Seu lugar é o clima cálido do coração,
ele não sobrevive ao gelo deste mundo.

É como um peixe na terra seca:
estremece por um instante e logo perece.

Se queres comê-lo e o imaginas fresco,
terás de invocar muitos ídolos.

O que agora bebes é tão somente tua imaginação.
Isto não é uma ilusão, companheiro!

[A viagem do sonho]

Com a oração da noite,
quando o sol declina e se esconde,
fecha-se a via dos sentidos
e abre-se o caminho ao não-visto.

O anjo do sono conduz então os espíritos
como o pastor o seu rebanho.
Para além do espaço, em pradarias transcendentes,
que cidades, que jardins ele nos mostra!

Quando o sono nos rouba a imagem do mundo,
o espírito contempla mil formas e maravilhas.
É como se habitasse desde sempre essas paragens,
já não recorda a vida na terra,
nem sente cansaço ou tristeza.

O coração liberta-se por inteiro
do peso do mundo, de toda a opressão,
e já nem percebe os cuidados que lhe são dedicados.

[Tu e Eu]

Feliz o momento em que nos sentarmos no palácio,
dois corpos, dois semblantes, uma única alma
– tu e eu.

E ao adentrarmos o jardim, as cores da alameda
e a voz dos pássaros nos farão imortais
– tu e eu.

As estrelas do céu virão contemplar-nos
e nós lhes mostraremos a própria lua
– tu e eu.

Tu e eu, não mais separados, fundidos em êxtase,
felizes e a salvo da fala vulgar
– tu e eu.

As aves celestes de rara plumagem
por inveja perderão o encanto
no lugar em que estaremos a rir
– tu e eu.

Eis a maior das maravilhas: que tu e eu,
sentados aqui neste recanto, estejamos agora
um no Iraque, outro em Khorassan
– tu e eu.

[Encontro de almas]

Vem.
Conversemos através da alma.
Revelemos o que é secreto aos olhos e ouvidos.

Sem exibir os dentes,
sorri comigo, como um botão de rosa.
Entendamo-nos pelos pensamentos,
sem língua, sem lábios.

Sem abrir a boca,
contemo-nos todos os segredos do mundo,
como faria o intelecto divino.

Fujamos dos incrédulos
que só são capazes de entender
se escutam palavras e veem rostos.

Ninguém fala para si mesmo em voz alta.
Já que todos somos um,
falemos desse outro modo.

Como podes dizer à tua mão: "toca",
se todas as mãos são uma?
Vem, conversemos assim.

Os pés e as mãos conhecem o desejo da alma.
Fechemos pois a boca e conversemos através da alma.
Só a alma conhece o destino de tudo, passo a passo.

Vem, se te interessas, posso mostrar-te.

[O desejo é um ídolo]

O amor não vive na ciência ou na instrução,
não habita papéis ou pergaminhos.
O assunto do vulgo
não há de ser o caminho dos amantes.

O ramo do amor antecede a eternidade
e suas raízes vão além do eterno.
Essa árvore não se apoia no céu nem na terra
nem sobre qualquer coluna.

Depusemos a razão
e traçamos um limite à paixão,
pois a majestade do amor não se conforma
a tal razão ou tal costume.

Enquanto sentires desejo,
sabe que cultuas um ídolo.
Quando se é verdadeiramente amado,
cessa de vez o espaço para as carências deste mundo.

O marinheiro está sempre na prancha
do temor e da esperança;
Idos prancha e marinheiro,
nada resta além do mergulho fatal.

Shams de Tabriz, és de uma só vez mar e pérola,
e teu ser nada menos que o segredo do Criador.

[Morre no amor]

Morre agora, morre!
Morre neste amor.
Quando morto estiveres, nova vida receberás.

Morre agora, morre!
Não temas esta morte,
pois todos hão de elevar-se da terra
e tocar os céus.

Morre agora, morre!
Liberta-te de vez da alma carnal:
ela é a grade, tu o prisioneiro.
Toma a ferramenta e cava o chão da prisão,
quando dela tiveres escapado, serás príncipe e rei.

Morre agora, morre diante do belo Rei!
E quando morto estiveres ante tal majestade,
hás de tornar-te insigne senhor.

Morre agora, morre!
E remove esta nuvem.
Quando saíres de trás dela
serás radiante lua cheia.

Silêncio! Faz silêncio!
O silêncio é o sinal da morte.
Em nome da vida
não fujas mais do que guarda silêncio!

[Não penses]

Não penses. Não penses.
Os pensamentos são como a chama
que de alto a baixo tudo consome.

Perde a razão,
endoidece de embriaguez e assombro,
e de cada broto nascerá a cana-de-açúcar.

A bravura é demência, tira-a da cabeça, renuncia!
Como o leão e os homens, renega as vãs esperanças.
Os pensamentos são armadilhas,
é proibido desperdiçá-los.

Para que tanto sacrifício por migalhas?
Se não te absténs desse alimento,
é inútil querer livrar-te de tais ardis.
Se a avidez reclama, sê surdo aos seus apelos.

[Neste frio]

No frio e na chuva meu amado é mais doce,
traz a beleza no peito e o amor na cabeça.
A beleza no peito – e como!
Nobre, digno, gracioso,
suave como uma flor.

Corramos à casa do amado neste frio
– jamais nasceu de mulher alguém como ele.

Beijemos seus lábios nesta neve
– o açúcar e a neve refrescam o coração.

Não tenho mais forças, perdi de vez o controle,
levaram-me para longe e já me trouxeram de volta.

Quando a face do amado entra de súbito no coração,
o coração se desloca.

Deus é Maior!

[Promessa]

Noite passada fiz outra vez a promessa:
jurei por tua vida jamais desviar os olhos de tua face.

Se golpeares com a espada, não me esquivarei.
Não buscarei cura em mais ninguém,
pois a causa de minha dor é ver-me longe de ti.

Joga-me ao fogo;
se deixar escapar um único suspiro
não serei homem de verdade.

Surgi do teu caminho como pó.
Retorno agora ao pó do teu caminho.

[A evolução da forma]

Toda forma que vês
tem seu arquétipo no mundo sem-lugar.
Se a forma esvanece, não importa,
permanece o original.

As belas figuras que viste,
as sábias palavras que escutaste,
não te entristeças se pereceram.

Enquanto a fonte é abundante,
o rio dá água sem cessar.
Por que te lamentas se nenhum dos dois se detém?

A alma é a fonte,
e as coisas criadas, os rios.
Enquanto a fonte jorra, correm os rios.
Tira da cabeça todo o pesar
e sorve aos borbotões a água deste rio.
Que a água não seca, ela não tem fim.

Desde que chegaste ao mundo do ser,
uma escada foi posta diante de ti, para que escapasses.
Primeiro, foste mineral;
depois, te tornaste planta,
e mais tarde, animal.
Como pode ser isto segredo para ti?

Finalmente foste feito homem,
com conhecimento, razão e fé.
Contempla teu corpo – um punhado de pó –
vê quão perfeito se tornou!

Quando tiveres cumprido tua jornada,
decerto hás de regressar como anjo;
depois disso, terás terminado de vez com a terra,
e tua estação há de ser o céu.

Passa de novo pela vida angelical,
entra naquele oceano,
e que tua gota se torne mar,
cem vezes maior que o Mar de Oman.

Abandona este filho que chamas corpo
e diz sempre "Um" com toda a alma.
Se teu corpo envelhece, que importa?
Ainda é fresca tua alma.

[Viajante noturno]

Não durmas,
senta com teus pares.
Não fujas qual peixe
para o fundo do mar.

Toda a noite, sê agitado
como as águas do oceano,
mas não te desfaças
como as ondas em espuma.

A escuridão oculta a água da vida.
Não te apresses, vasculha o escuro.
Os viajantes noturnos estão plenos de luz;
não te afastes pois da companhia de teus pares.

Sê como a lâmpada que cintila sobre o prato de ouro,
não mergulhes na terra como o azougue.
A lua mostra sua face aos peregrinos.
Todo cuidado é pouco se viajas em noite de luar.

[A Caaba do coração]

O conhecimento acaba de chegar
— talvez nada saibas.

O coração invejoso está sangrando
— talvez não tenhas coração.

A lua revelou sua face e abriu suas asas radiantes.
Toma emprestado uma alma e um par de olhos
caso também não os tenhas.

A cada dia e a cada noite te alcança uma flecha alada
arremessada por um arco invisível.
O que podes fazer se não tens escudo?
Curva tua vida.

Não foi o cobre de tua existência,
como a face de Moisés, transmutado em ouro
pela divina alquimia?

Que importa se não tens ouro num saco, como Qarun?
Dentro de ti há um Egito e tu és o seu canavial.
Incomoda-te não teres uma reserva de açúcar?

Viraste um escravo da forma, como os idólatras.
Tu te pareces com José, e ainda assim não te vês.
Por Deus, quando vires tua própria beleza no espelho,
serás o ídolo de ti mesmo, não o cederás a ninguém.

Ó razão, não serás um tanto injusta
ao chamá-lo parente da lua?
E por que o chamas lua?
Acaso estás cega?

Tua cabeça é como uma lâmpada de seis mechas.
Como acendê-las todas sem possuir a centelha?

Teu corpo é como um camelo ou um asno
que se dirige à Caaba do coração:
se fracassas na peregrinação é por tua natureza animal
e não por falta de montaria que te possa levar.

Se ainda não foste à Caaba,
a Fortuna mesma há de conduzir-te até lá.
Não queiras escapar, ó palrador,
não encontrarás refúgio contra Deus.

[Sê fiel]

Vai dormir, deixa-me só.
Abandona esta ruína, este ser insone e aflito.
Deixa-me contorcer nesta onda sombria
até o nascer do sol.

Se quiseres, apieda-te de mim e fica;
se não suportares, sê cruel e vai embora.
Foge de mim para não cair na tristeza;
segue a via segura, desvia do sofrimento.

Só, encolhido num canto,
perco-me na dor;
com minhas lágrimas,
ergo moinhos de cem lagares.

Sei de um assassino de coração de pedra,
que mata sem que lhe perguntem:
"Pensaste no preço do sangue?"

Para o rei de todas as grandezas
só a fidelidade conta.
Enche-te pois de paciência, tu,
namorado das faces róseas, sê fiel.

Certos males não se curam senão com a morte.
Se é assim, como pedir-te:
"Cura-me deste mal"?

Madrugada, em sonho,
vi o mestre percorrer o jardim do amor.
Com um aceno, disse-me:
"E tu? Quando hás de seguir-nos?"

Se houver um dragão no caminho,
usa o amor como esmeralda
que o verde brilho nos salvará do monstro.

Basta, que já me perco.
Se és deveras um homem de saber
esquece os relatos vulgares
e recita uma história edificante.

[Além do deserto e do céu]

Nosso deserto não tem fronteiras.
Nossas almas e corações não conhecem descanso.

O Mundo no mundo assumiu a imagem da Forma.
Qual imagem é a tua?

Quando encontrares no caminho uma cabeça decepada
a rolar em tua direção, pergunta,
insiste que te revele os segredos do coração.
Dela ouvirás o mistério mais oculto.

Como seria se de súbito um ouvido
se afinasse com nossas línguas e cantos?
E se o pássaro alçasse voo
usando como colar o selo de Salomão?

O que dizer, o que pensar dessa história
cuja grandeza transcende nosso pequeno e limitado ser?
Como calar, se a cada momento
nossa ansiedade é maior?

O falcão e a perdiz voam juntos
nos ares de nossa terra montanhosa.
Seu voo corta o espaço da sétima atmosfera
para o zênite, onde está nosso Saturno.
Não estão os sete céus abaixo do empíreo?
Por que então aspirar a estes céus?
Além do empíreo está nossa revolução:
nosso destino é o jardim de rosas da união.

Deixa essa história e não perguntes por nós.
O conto se interrompeu.
Shams ud-Din te vai mostrar
a beleza do Sultão,
nosso Rei dos reis.

[Em busca do amado]

Eu era no tempo em que os nomes ainda não eram
e nenhum sinal da existência havia sido dotado de nome.
Por mim, nomes e nomeados passaram a ser vistos,
no tempo em que não existiam nem "eu" nem "nós".

Por um sinal, um cacho de cabelo do amado
tornou-se o centro da revelação;
contudo, a ponta do cacho ainda não existia.

De um extremo ao outro, entre os cristãos procurei.
Ele não estava na cruz.

Fui ao templo dos ídolos, à pagoda antiga.
Nenhum sinal naquele lugar.

Subi as montalhas de Herat e Qandahar,
olhei ao redor, percorri vales e colinas.
Não o encontrei.

Com firme propósito, alcancei o cume de *Qaf*.
Lá apenas se via a morada de *Anqa*.

Virei as rédeas da busca para a Caaba.
Ele não estava naquele refúgio de jovens e velhos.

Inquiri Avicena por seu paradeiro.
Não se encontrava entre seus seguidores.

Dirigi-me ao país onde as distâncias se medem
pelo cumprir de dois salamaleques.
Ele não fazia parte de tal corte refinada.

Contemplei enfim meu próprio coração – lá o vi, não era outra sua morada.

A não ser por Shams de Tabriz, o de alma pura, ninguém jamais esteve embriagado, em êxtase, perplexo.

[A água e o pão]

O coração é como um grão de trigo,
e nós somos a mó.
Como pode o moinho saber por que gira?

O corpo é como a pedra,
e nossos pensamentos,
a água que a faz girar.

Diz a pedra: "A água sabe o que nos espera adiante".
A água diz: "Pergunta ao moleiro,
é ele quem me controla".
E o moleiro te responde: "Ó comedor de pão,
se o moinho não gira
como pode a farinha existir?"

Tudo o que é feito envolve todas as coisas.
Silêncio!
O melhor é perguntar a Deus,
somente Ele te pode responder.

[O escravo que reina]

Sou o escravo que libertou o amo,
o discípulo que instruiu o mestre.
Sou a alma que ontem nasceu no mundo
e no mesmo instante criou este mundo vetusto.

Sou a cera orgulhosa que fez o ferro virar aço.
Passei unguento nos olhos dos cegos
e ensinei homens de curto entendimento.

Sou a nuvem negra que trouxe alegria
da noite de dor ao dia de festa.

Sou a terra milagrosa
que pelo fogo do amor se elevou
e tocou a mente do céu.

Noite passada, o rei não dormiu,
contente de saber que eu, o escravo, dele me lembrei.

Não me culpes se sou escandaloso e lavrei justiça,
foste tu que me embriagaste.

Silêncio, que o espelho se desgasta;
quando soprei sobre ele,
protestou contra mim.

[Viaja dentro de ti]

Pudesse a árvore vagar
e mover-se com pés e asas,
não sofreria os golpes do machado
nem a dor de ser cortada.

Não errasse o sol por toda a noite,
como poderia ser o mundo iluminado
a cada nova manhã?

E se a água do mar não subisse ao céu,
como cresceriam as plantas
regadas pela chuva e pelos rios?

A gota que deixou seu lar, o oceano,
e a ele depois retornou,
encontrou a ostra à sua espera
e nela se fez pérola.

Não deixou José seu pai
em lágrimas, pesar e desespero,
ao partir em viagem para alcançar
o reinado e a fortuna?

Não viajou o Profeta
para a distante Medina
onde encontrou novo reino
e centenas de povos para governar?

Faltam-te pés para viajar?
Viaja dentro de ti mesmo,
e reflete, como a mina de rubis,
os raios de sol para fora de ti.

A viagem te conduzirá a teu ser,
transmutará teu pó em ouro puro.

Ainda que a água salgada
faça nascer mil espécies de frutos,
abandona todo amargor e acridez
e guia-te apenas pela doçura.

É o Sol de Tabriz que opera todos os milagres:
toda árvore ganha beleza
quando tocada pelo sol.

[A lua do olho]

Vejo a lua do meu olho
fora do meu olho,
que olho algum jamais viu
e ouvido algum jamais ouviu falar.

Desde o momento
em que roubei um olhar daquela face
não vejo língua, alma ou coração
que não estejam fora de mim.

Houvesse Platão vislumbrado
a beleza e a graça daquela lua,
mais louco e mais aflito
que eu se tornaria.

A eternidade é o espelho do tempo,
e o tempo, o espelho da eternidade.
Neste espelho os dois se enredam
como as tranças daquela lua.

Muito além dos sentidos
há uma nuvem cuja chuva é toda espírito.
Ah, que chuva ela faz cair
sobre o pó do nosso corpo!

Ao avistar sua imagem,
os seres celestiais com face de lua
curvaram as cabeças, envergonhados,
diante de tanta beleza.

A eternidade sem-começo
tomou pela mão a eternidade sem-fim
e juntas visitaram o castelo da lua,
que, ao vê-las invejosas, pôs-se a rir.

Quantos leões não rondam este palácio,
rugindo, zelosos,
à caça do sangue dos aventureiros e dos sinceros
que lá se entregam em sacrifício?

De repente, o verbo saltou da minha boca:
"Quem é este rei?"
"Shams-ud-Din, rei de Tabriz".
E meu sangue agitou-se ao som dessas palavras.

[O que não sou]

Que devo fazer, ó muçulmanos,
se já não me reconheço?

Não sou cristão, nem judeu,
nem mago, nem muçulmano.
Não sou do Oriente, nem do Ocidente,
nem da terra, nem do mar.

Não venho das entranhas da natureza,
nem das estrelas girantes.
Não sou da terra, nem da água
nem do fogo, nem do ar.

Do empíreo não sou,
nem do pó deste tapete.
Não sou da tona, nem do fundo,
nem do antes, nem do depois.

Nem da Índia, nem da China
nem da Bulgária, nem de Saqsin;
não sou do reino do Iraque,
nem da terra de Khorassan.

Nem deste mundo, nem do próximo,
nem do céu, nem do purgatório.
Meu lugar é o não-lugar,
meu passo é o não-passo.

Não sou corpo, não sou alma.
A alma do Amado possui o que é meu.
Deixei de lado a dualidade,
vejo os mundos num só.

Procuro o Um, conheço o Um,
vejo o Um, invoco o Um.
Ele é o Primeiro e o Último,
o exterior e o interior.
– Nada existe senão Ele.

Ébrio da taça do amor,
os dois mundos escorrem por minhas mãos.
Nada mais me move
além do gozo desse vinho.

Se em minha vida passo
um só momento sem ti
desprezo o que vivi
desde aquele instante.

Se neste mundo eu estiver
um só momento frente a ti,
porei os dois mundos a meus pés
e dançarei de alegria.

Oh, Shams de Tabriz, tão bêbado estou
que nada mais invoco
senão delírio e embriaguez.

[Volta e voa]

Não deve a alma ascender
quando o sopro gentil da fonte onipotente
convida-a para voar?

Não deve o peixe deslizar,
ao ouvir o chamado das ondas,
da praia para o mar?

Não deve o falcão abandonar a caça,
ao ouvir o toque do tambor que o chama
de volta para junto de seu rei?

Não deve o sufi dançar
como partícula diminuta
em torno do sol eterno
e salvar-se do declínio?

Tanta beleza e graça,
tanta entrega de vida.
Não responder a esse chamado
é perder-se na dor e no infortúnio.

Volta, então, voa para casa,
com as plumas abertas de tuas asas,
abandona agora teu cárcere.

Troca teu poço estagnado
pela torrente da água da vida.
Sai do átrio para o lugar de honra da alma.
Segue em frente, que também estamos indo
do mundo do exílio ao mundo da união.

Por quanto tempo ainda encheremos os bolsos
com areia e pedras, como crianças?
Livremo-nos desta terra e alcemos voo.
Deixemos para trás todo ato infantil,
e sentemo-nos enfim à mesa dos homens.

Vês como foste capturado pelo molde terrestre?
Rompamos a casca e ergamos a cabeça.
Toma esta carta de amor na tua mão direita.
Não és mais a criança:
distingue direita e esquerda!

Disse Deus ao arauto da razão:
"Vai!"
E para a mão da morte, ordenou:
"Castiga os desejos do mundo".

A alma ouve o chamado:
"Vai ao mundo do não-visto!"
Recolhe os bens e os ganhos
e não lamentes mais tua dor.

Grita e reclama tua realeza.
Tua graça há de ser a resposta obtida,
e o conhecimento revelado
na pergunta que fizeste.

[O destino do coração]

Os olhos foram feitos para ver coisas insólitas,
fez-se a alma para gozar da alegria e do prazer.
O coração foi destinado a embriagar-se
na beleza do amigo ou na aflição da ausência.

A meta do amor é voar até o firmamento,
a do intelecto, desvendar as leis e o mundo.

Para além das causas estão os mistérios, as maravilhas.
Os olhos ficarão cegos
quando virem que todas as coisas
são apenas meios para o saber.

O amante, difamado neste mundo
por uma centena de acusações,
receberá, no momento da união,
cem títulos e nomes.

Peregrinar nas areias do deserto
nos exige suportar
beber leite de camelo,
ser pilhados por beduínos.

Apaixonado, o peregrino beija a Pedra Negra
ansioso por sentir mais uma vez
o toque dos lábios do amigo
e degustar como antes o seu beijo.

Ó alma, não cunhes moedas com o ouro das palavras:
o buscador é aquele que vai
à própria mina de ouro.

[O interior do invisível]

Esquece o mundo e comanda o mundo.
Sê a lâmpada, o barco salva-vidas,
a escada.

Sai de tua casa e, como o pastor,
ajuda a curar a alma do teu próximo.
Entra no fogo espiritual
e deixa-te calcinar.

Sê o pão bem assado, sê o senhor da mesa.
Vem, sacia teus irmãos.
Tu, que tens sido a fonte da dor,
sê agora o deleite.

Viveste como uma casa sem alicerces.
Sê agora o Um que perscruta
o interior do invisível.

Assim que me calei,
uma voz chegou aos meus ouvidos:
"Se te tornas isto, serás aquilo".

Silêncio!
E depois, mais silêncio.
Não uses a boca para falar.
A boca é para provar dessa doçura.

[Como açúcar na água]

Há um sol-estrela que se eleva
além da realidade das formas.
Lá me perdi.

É doce olhar para os dois mundos,
e nessa única visão dissolver-se
como o açúcar na água.

Todos no mundo perseguem a alma.
Quanto a mim, já nem recordo
o que há neste mundo.

Fresco e delicado como o lírio-d'água,
como a rosa vagueio
com aqueles que sempre quis conhecer.

Meu corpo é um bote
e eu sou as ondas
que se arremessam contra ele.

Quando lança suas âncoras,
solto-lhe as amarras em meio à tormenta
e deixo-o romper-se em pedaços.

Se sinto frio ou preguiça,
as chamas do meu oceano me envolvem;
feliz me entrego, e como o ouro purifico-me.

Há uma canção que faz a serpente esticar a cabeça
e incliná-la rumo ao chão
"Eis a minha cabeça, irmão. Que mais queres agora?"

Cansado das formas cheguei às qualidades.
Cada uma diz: "Sou um mar azul-turquesa,
mergulha em mim!"

Sou Alexandre,
visito as fronteiras mais remotas do império
e dirijo todos os meus exércitos para dentro,
para o sentido mesmo dos exércitos,
para Shams.

[Imagem de sombras]

Vê o tempo como uma imagem de sombras,
fora dele está nossa verdadeira face.
O tempo é uma jaula,
fora de suas grades tudo é *Qaf* e *Anqa*.

O mundo é um rio; vivemos à sua margem,
e em suas águas imergiu nossa sombra.
Aqui, o segredo é difícil e sutil:
estamos aqui, logo não estamos aqui.

Sorri ante a face da alma, ó coração,
que sem ela todo riso é só aflição!
Um coração triste não é deveras coração
diante da alegria infinita daquela face.

O coração não se inquieta,
não se alimenta de lágrimas.
Ele é um pássaro delicado,
a quem só apetece o açúcar.

Tu, cujo caminho é coberto de obstáculos,
sê como a árvore cuja força está no pé, não na cabeça.
Os galhos pendem em direção às raízes,
pois delas brota a força de seu ser.

[O livro da vida]

Do livro de nossa vida
resta apenas uma página;
a alma se agita,
ciumenta dessa graça.

No livro está escrito
um nome cheio de doçura,
a beleza deste nome
maravilha a própria lua.

A vida eterna imprime sua luz
na folhagem do jardim.
Não há temor de mudança
nem razão para censuras.

Seu nome é uma folha do livro
que contém o reino eterno.
Nesse espaço o segredo dos puros
ergue-se a cada manhã.

A luz de Deus se oculta na dobra desta folha.
Shams-ul-Haqq de Tabriz é a pupila brilhante.

[Remove a poeira do mar]

O mais belo dos seres deu-me uma vassoura e ordenou:
– Varre a poeira do mar!
Logo queimou-a e exigiu:
– Devolve-me a vassoura!

Transtornado, prostrei-me a seus pés, ao que ele disse:
– Se a submissão é completa, prostra-te sem que haja alguém.
E eu: – Mas como prostrar-me na ausência do mestre?
Sentenciou: – Que teu impulso seja inteiro e impessoal.

Curvei meu pescoço e pedi:
– Empunha a espada de Ali
e decepa a cabeça deste que se prostra.

A cada golpe da espada,
mais cabeças renasciam em meu pescoço.
Eu era uma lâmpada e cada cabeça uma mecha.
Centelhas voavam em todas as direções.

Uma trilha de luz uniu Oriente e Ocidente.
Mas o que são leste e oeste nesse espaço sem-lugar?
Uma sauna acesa, um banho turco.

Teu coração está frio;
há muito dormitas nessa banheira morna.
Sai da água e da sauna,
e, em tua nudez, contempla esses quadros e afrescos,
absorve essas belas imagens
e os matizes do canteiro de tulipas.

Olha agora através da janela,
vê como surge a beleza além do reflexo no vidro.
A casa de banho são as seis direções
e a janela se abre para o espaço sem-lugar.

Acima está a beleza desse príncipe,
de cujo reflexo a terra e a água tiraram sua cor;
por essa alma cai a chuva para o turco e o zanzíbar.

Vai-se o dia e minha história não termina.
Noite e dia, perderam seu encanto,
diminuídos pela história que ele nos conta!
A cada ano, a cada nova praga na colheita,
o rei Shams de Tabriz mais e mais me embriaga.

[A água da vida]

Todos dormem.
Abandonei-me ao sono,
mas ele não me transportou.
Por toda a noite contei estrelas no céu.

O sono fugiu de meus olhos
para nunca mais voltar:
tragou o veneno da separação,
expirou.

Saberias preparar um remédio
feito da matéria do encontro
e dá-lo ao ferido
que te entregou olhos e coração?

Não feches de vez
as portas da caridade.
Se não serves o puro vinho,
serve ao menos a dose mínima do mosto.

Deus encerrou todas as delícias
num único aposento.
Ninguém sem tua ajuda jamais encontrou
caminho seguro para esse refúgio.

Se me reduzi a pó no caminho do amor,
não me julgues com desprezo;
como pode ser pequeno
aquele que bate contigo à porta da união?

Enche de pérolas nunca vistas a manga deste manto
que de meus olhos tantas lágrimas enxugou.

A cada vez que a ronda do amor
assalta alguém na noite escura,
tua lua aperta-o compassiva
contra o peito cor de prata.

Quando o coração errante
retorna de tua graça
conta a história da noite,
do disco da lua, do camelo, do curdo.

Eram seres indistintos
originados da água.
Vieram então ao mundo, este lugar frio,
que os congelou um a um.

Em nosso corpo, o sangue é a doce água da vida.
Vê como tudo se iguala,
quando brota da fonte do coração.

Não congeles a água da fala,
nem a retires de sua fonte,
para que não seja
seda fina deste lado
nem farrapo do outro.

[Faço-me chuva]

Como um espelho minh'alma revela segredos;
posso calar, não posso não saber.

Do corpo, tornei-me um foragido,
do espírito, um exilado;
juro que não sei:
a este não pertenço, nem àquele.

Para sentir o doce aroma,
ó buscador, a condição é morrer.
Não me olhes como a um vivo,
um deles já não sou.

Esquece meu lado tortuoso
e contempla apenas a reta palavra:
sou como o arco
e meu verbo é a flecha.

O chapéu redondo na cabeça,
o manto dervixe sobre o corpo
são minha lápide e mortalha.
O que pareço?
Qual o meu preço no mercado do mundo?

Do jarro de vinho
emborcado no alto de minha cabeça,
não deixo que derrame uma só gota.
E ainda que goteje,
contempla apenas o poder de Deus:
a cada gota derramada, recolho pérolas do mar!

Meus olhos, como nuvens,
recolhem pérolas perfeitas.
E a nuvem de meu espírito
ascende ao céu dos que se entregam.

Faço-me chuva diante do Sol de Tabriz,
para que cresçam margaridas
com a forma da minha língua.

[O falcão do imperador]

Enquanto bebíamos vinho, nosso coração partiu;
súbito, rompeu-se a corrente da razão,
e fora de nosso controle,
o coração, livre, voou.

Para onde se foi?
Não foi a nenhum lugar,
apenas recluiu-se em Deus.

Não o procures em casa, que ele é do ar;
é um pássaro do ar
e no ar esfumou-se.

É o falcão branco do Imperador.
Alçou voo e partiu
na direção de seu senhor.

[A nuvem do ser]

O amado parecia dormir quando o chamei do jardim:
– Depressa, roubei uma pêra!
O amado, de fato, não dormia.

Apenas sorriu e disse: – Astuciosa raposa.
Como pudeste roubar tão facilmente
a presa das mãos do leão?

Quem pode ordenhar uma nuvem?
Quem pode sequer alcançá-la
senão, talvez, que a própria nuvem
nos facilite a ascensão?

Como pode o não-existente
tramar sua chegada ao ser?
É a bondade de Deus que concede
existência ao que não existe.

Prostra-te como se não existisses;
no momento da prece, só se faz a saudação
depois que todos se prostraram.

É pela humildade que a água derrota o fogo:
uma se prostra, enquanto o outro se levanta.

Quando os lábios se calam,
o coração fala uma centena de línguas.

Silêncio!
Por quanto tempo
ainda queres colocá-lo à prova?

[Transmuta o cobre de teu ser]

Louvor a ti, alma eterna, rei afortunado!
Doador da alma em todos os tempos,
sol de todos os países.
Este mundo e o outro
são escravos de tuas ordens.
Feitos ao teu capricho, destrói ou preserva-os!

Ilumina a existência com um raio do sol da pobreza,
liberta todos os seres
do desejo do Paraíso e do temor do inferno,
exceto os que se deleitam com a penúria
dessa vergonha que é a vida.

Por amor ao artista,
destrói todas as pinturas e imagens.
O tirano que derramou o sangue
de centenas de milhares de homens
arde na tua chama,
ó tu, senhor da alegria eterna!

Quem conquista os segredos de tua graça
escapa da existência
e se apaga na miséria.

Resignada, a alma se aniquila
quando te vê tal qual o ouro
a rugir feliz dentro do fogo.
Tu, que dás origem à mina de ouro
e às gemas preciosas, decerto desprezas
as pedras filosofais de nosso mundo.

Se o corpo terreno se torna, inteiro, pedra filosofal,
graças a Shams de Tabriz,
pelo brilho desta pedra
transmuta o cobre de teu ser!

[A raiz da raiz de teu ser]

Não te afastes, chega bem perto!
Crê, não sejas infiel,
encontra o antídoto no veneno.
– Vem, retorna à raiz da raiz de ti mesmo.

Moldado em barro,
misturado porém à substância da certeza,
tu, guardião do tesouro da luz sagrada,
vem, retorna à raiz da raiz de ti mesmo.

Ao vislumbrares a dissolução
serás arrancado de ti mesmo
e libertado de tantas amarras.
– Vem, retorna à raiz da raiz de ti mesmo.

Nasceste dos filhos dos filhos de Deus,
mas fixaste muito abaixo a tua mira.
Como podes ser feliz assim?
– Vem, retorna à raiz da raiz de ti mesmo.

És o talismã que protege o tesouro
e também a mina onde se encontra.
Abre teus olhos, vê o que está oculto.
– Vem, retorna à raiz da raiz de ti mesmo.

Nasceste de um raio da majestade de Deus
e carregas a bênção de uma estrela generosa.
Por que sofrer nas mãos do que não existe?
– Vem, retorna à raiz da raiz de ti mesmo.

Aqui chegaste embriagado e dócil
da presença daquele doce amigo
que com o olhar cheio de fogo
roubou nossos corações.
– Vem, retorna à raiz da raiz de ti mesmo.

Nosso mestre e anfitrião, Shams de Tabriz,
colocou a taça eterna diante de ti.
Glória a Deus, que vinho tão raro!
– Vem, retorna à raiz da raiz de teu ser.

[És açúcar e veneno]

És açúcar e veneno.
Por Deus, não me olhes assim.
Doce como açúcar é o veneno que chega de ti;
intensa é tua luz, brilhante tua cor.

Uma luz extraordinária prostra-se a teus pés
e roga: contempla-me, ó dervixe!
Eu sou tu. Fita-me e vê a ti mesmo,
torna-te o que és.

És luz da cabeça aos pés;
não fales pois nem da cabeça nem dos pés.
Aos olhos das criaturas
não pareces o que verdadeiramente és,
tu, que és o sangue do meu coração.

Se já tens a pérola,
olha no oceano dos meus olhos.
Se és o dono da pedra de toque,
vê minha face pálida
como puro ouro.

Ante o leão de Deus,
Shams-ul-Haqq de Tabriz,
se a presa não se torna raposa,
julga-a pior que um cão.

[O homem de Deus]

O homem de Deus está ébrio sem vinho,
o homem de Deus está saciado sem carne.
O homem de Deus está aturdido e perplexo,
o homem de Deus não tem fome nem sono.

O homem de Deus é um rei coberto de andrajos,
o homem de Deus é um tesouro em meio às ruínas.
O homem de Deus não é do ar nem da terra,
o homem de Deus não é do fogo nem da água.

O homem de Deus é um oceano sem limites,
o homem de Deus faz chover pérolas sem nuvens.
O homem de Deus possui cem luas e céus,
o homem de Deus tem a luz de cem sóis.

O homem de Deus é sábio pela verdade,
o homem de Deus não se instruiu pelos livros.
O homem de Deus está além do ateísmo e da crença,
o homem de Deus está além da certeza e do erro.

O homem de Deus está muito além do não-ser.
O homem de Deus é gloriosamente servido.
O homem de Deus está oculto, ó Shams-ud-Din.
Vai, coração, busca e encontra o homem de Deus!

[Quando as uvas se tornam vinho]

Quando as uvas se tornam vinho,
imitam nossa capacidade de mudança.
Quando as estrelas giram ao redor do Polo Norte,
anelam nossa consciência que desperta.

O vinho embriaga-se conosco
e não o contrário.
O corpo cresce a partir de nós
e não o contrário.

Nós somos as abelhas
e nosso corpo, a colmeia.
Fizemos nosso corpo.
Célula por célula, nós o fizemos.

[A mente é um oceano]

A mente é um oceano.
Quantos mundos estão ali girando,
misteriosos, apenas vislumbrados.

Como uma taça
flutuando no oceano,
assim é nosso corpo.

Há de encher e ir ao fundo,
sem que nenhuma bolha
assinale o lugar em que repousa.

O espírito está tão próximo que não o vês.
Busca-o! Evita ser o cântaro cheio d'água
cuja boca está sempre seca.

Não te pareças ao cavaleiro
que galopa noite adentro
e não vê a própria montaria.

[Olhar de punhal]

Duzentos Jupiteres embriagaram-se em minha lua.
Um piscar de seus olhos
seduziu uma centena de samaritanos.

Em cada palavra de sua boca
brilha o chamado "Eu sou o caminho",
que acende o fogo no ventre dos infiéis.

A chama ardente de seu coração alcançou os céus
e seu espírito fecundo
tingiu de vermelho o horizonte.

– "Para onde corres, leão de Deus?
Teu selo é a coroa, grande Salomão
de todos os anjos e demônios.
Alma turbulenta, tu te moves tão depressa
que não diriges um olhar sequer
para aqueles que acabaste de matar.
Ouves os gritos do cadafalso
e não deténs tuas passadas,
nem escutas seus lamentos."

Ele olhou-me com olhar de punhal
e eu mergulhei nas águas de seus olhos.
Deixei de ser,
esvaneci na dor lancinante da não-existência.

Tornei-me Shams-ud-Din, a luz de Tabriz.
Deixo agora que ele conte minha história,
pois é ele o dono de todas as minhas palavras.

[O fogo que derrete o véu]

Atenta para as sutilezas
que não se dão em palavras.
Compreende o que não se deixa
capturar pelo entendimento.

Dentro do coração empedernido do homem
arde o fogo que derrete o véu de cima abaixo.
Desfeito o véu,
o coração descobre as histórias do Hidr
e todo o saber que vem de nós.

A antiga história de amor
entre a alma e o coração
regressa sempre
em vestes renovadas.

Ao recitares "sol"
contempla o sol.
Sempre que recitares "não sou",
contempla a fonte do que és.

[O convidado]

Súbito, não de todo inesperado,
o convidado bate à porta.
O coração, trêmulo, pergunta: "Quem está aí?"
A alma responde: "A lua".

Ele entra em nossa casa
e, loucos, corremos para a rua,
os olhos fixos no seu brilho.

Já dentro da casa, ele grita: "Aqui estou!"
E nós, correndo em círculos,
desnorteados, clamamos por ele,
sem saber de onde vem o grito que o anuncia.

Clamamos por ele, ébrio rouxinol
aprisionado em nosso cativeiro;
e nós, no jardim, pombas enlutadas,
apenas murmuramos: "Onde? Onde?"

No escuro da meia-noite, trancadas as portas,
já recolhidos ao leito, ouvimos seus passos.
Todos correm, tropeçam, gritam:
"Socorro! Um ladrão!"

E uma voz funde-se às outras:
é o ladrão-convidado que partilha do tumulto,
ecoando nossos gritos:
"...um ladrão! ...um ladrão!"

E ele está contigo, contigo em tua busca,
mais perto que tu mesmo estás de ti.
Se o procuras, o encontrarás
em teu próprio olhar.

Por que correr aí fora?
Derrete como neve e lava-te de ti mesmo!
Da alma ungida pelo amor brotam línguas
como estames do lírio.

Todavia, aprende com a flor:
silencia tua língua.

[Torna-te amante]

Ó amantes, abandonai as tolas ilusões.
Enlouquecei, perdei de vez a cabeça.
Erguei-vos do fogo ardente da vida
– tornai-vos pássaros, sede pássaros!

E tu, perde-te por inteiro!
Abandona tua casa em ruínas
e segue os amantes de Deus
– torna-te sufi, sê sufi!

Limpa teu coração dos velhos rancores,
lava-o sete vezes
e serve o vinho do amor
– torna-te taça, sê a taça!

Enche tua alma de todo o amor,
transforma-a na alma suprema.
Senta à mesa dos santos
– embriaga-te, sê o vinho!

O Rei que tudo ouve
fala com o homem piedoso.
Escuta as palavras sagradas
– limpa teu corpo, limpa teu coração!

Ao ouvires a doce canção
teu espírito é alçado aos céus.
Teus limites nada significam.
Sê como o amante sem medo
– torna-te eterno, sê eterno!

Faz do sono da noite
a hora da revelação divina.
Abraça o dom de Deus
— torna-te templo, sê o templo!

Os pensamentos só te levam aonde lhes apetece.
Queres segui-los?
Melhor é seguir teu destino
— torna-te guia, sê teu próprio guia!

Paixão e desejo prendem teu coração?
Remove pois estas travas
— torna-te chave, sê a chave!

Salomão fala a linguagem dos pássaros.
Cuida-te. Não sejas tu a armadilha
evitada pelos falcões
— torna-te ninho, sê o ninho!

Se a amada revela sua beleza,
torna-te espelho!
Se ela solta os cabelos,
torna-te pente!

Por quanto tempo mostrarás duas faces?
Até quando trairás a ti mesmo,
submisso como bandeira ao vento?
Não te cansa ser o bispo do xadrez
a andar o tempo todo de viés?
— Torna-te sábio, ó sábio!

Por gratidão, entregaste
algumas posses e alguma vaidade.
Entrega tudo agora
— torna-te gratidão, sê todo gratidão!

Por algum tempo foste os elementos,
por outro tempo mais foste animal,
por um tempo serás alma,
é agora a tua chance
— torna-te alma suprema, sê a alma suprema!

Ó pregador, até quando clamarás dos tetos
e baterás à porta alheia?
Olha para o interior da tua própria casa.
Já falaste do amor em demasia
— agora torna-te amante, sê o amado!

[Não encontrarás]

Segura o manto de seus favores,
pois ele logo desaparecerá.
Se o retesa como a um arco,
ele escapará como flecha.

Vê quantas formas ele assume,
quantos truques ele inventa.
Se está presente em forma,
então há de sumir pela alma.

Se o procuras no alto do céu,
ele brilha como a lua no lago;
entras na água para capturá-lo
e de novo ele foge para o céu.

Se o procuras no espaço vazio
lá está, no lugar de sempre;
caminhas para este lugar
e de novo ele foge para o vazio.

Como a flecha que sai do arco,
como o pássaro que voa da tua imaginação,
o absoluto há de fugir sempre
do que é incerto.

"Escapo daqui e dali,
para que minha beleza
não se prenda a isso ou aquilo.
Como o vento, sei voar,
e por amor à rosa, sou como a brisa;
também a rosa há de escapar ao outono."

Vê como se eclipsa este ser:
até seu nome se desfaz
ao sentir tua ânsia de pronunciá-lo.

Ele te escapará à menor tentativa
de fixar sua forma numa imagem:
a pintura sumirá da tela,
os signos fugirão de teu coração.

[Ele é meu guia]

Desde o princípio,
ele é o meu guia.
Procuro meu coração,
ele é seu conquistador.
Luto pela paz,
ele intercede por mim.
Vou à guerra,
ele é meu punhal.

Chego à festa,
ele é o doce vinho.
Entro no jardim,
ele é o narciso.
Desço às entranhas da terra,
ele é o rubi e a cornalina.
Mergulho no fundo do mar,
ele é a pérola que encontro.

Cruzo o deserto,
ele é o oásis.
Ascendo às esferas celestes,
ele é a estrela.
Se me lanço à frente,
ele é o meu peito.
E se ardo de mágoa,
ele é o incensório.

Quando começa a batalha,
ele guarda meus flancos
e conduz meu exército.
Se vou ao banquete,
ele é o *saqi,* o menestrel e a taça.

Escrevo aos amigos,
ele é tinta, papel e pena.
Quando desperto,
ele é minha nova consciência.
Quando adormeço,
ele é o dono de meus sonhos.

Se procuro rima para o meu poema
ele a encontra depressa em minha mente.
Como o pintor e o pincel
ele está acima de qualquer pintura.

Não importa de que altura olhes,
ele estará ainda mais alto
que o máximo que alcançaste.
Vai, abandona os livros e a retórica
– deixa que ele seja o teu livro.

Silêncio!
As seis direções são raios de sua luz;
e além das direções, é ele quem governa.

Escolhi o teu prazer em lugar do meu.
É meu o teu segredo,
por isso guardo-o comigo, escondido no peito.

Maravilhoso Shams, Sol de Tabriz!
És em tudo merecedor de ti mesmo,
como o Sol!

[O vinho do invisível]

Verte, ó *saqi*, o vinho do invisível.
Com este signo, com este nome,
falemos do que não tem signo nem nome.
Deixa-o jorrar em abundância,
que esse ato enriquece a alma;
embriaga-a, ajuda-a a alçar voo.

Vem, derrama mais uma taça,
ensina aos *saqis* a arte do escanção.
Como fonte que transborda do coração da pedra,
rompe o jarro do corpo e da alma.
Faz a felicidade dos amantes do vinho
e a inquietude dos que só fruem o pão.

O pão é o artífice da prisão do corpo,
o vinho, a chuva que cai no jardim da alma.
Quanto a mim, uni os extremos
das águas que cobrem a terra;
cabe a ti alçar a tampa da ânfora do céu.

Fecha esses olhos que só veem imperfeições
e abre aqueles que sabem contemplar o invisível,
que não se detêm diante de mesquitas, de ídolos,
pois os desconhecem por completo.

Silêncio!
É nesse silêncio que surge o tumulto
e faz calar nosso mundo inferior.

[Maior que o Espírito Santo]

Se aos olhos da razão e da lógica me tomam por louco,
no círculo dos amantes, porém, conto com muitas artes.
O amor fez-me Salomão, minha língua fez-me Asaf.
— Por que atar-me a remédios e encantamentos?

Como Abraão, nunca me afasto da Caaba:
Na Caaba resido, sou seu pilar.
Nem um milhar de Rustams pode aproximar-se de mim.
— Por que então sujeitar-me a um ego efeminado?

Empunho a espada sangrenta;
sou um mártir do amor
em meio ao próprio sangue.

Nesta planície, sou o rouxinol do Misericordioso.
Não procures meus limites nem minhas fronteiras,
eu não tenho limites.

Shams de Tabriz nutriu-me pelo amor
— sou maior que o Espírito Santo,
maior que o Querubim!

[O beijo do amado]

O ladrão de corações
deu-me um único beijo e partiu.
O que seria de mim
se me tivesse dado sete?

Todo lábio que o meu amado beija
guarda sempre a sua marca:
rachaduras abertas na ânsia de sugar
a doçura de seus lábios.

Guarda ainda outra marca:
o desejo louco da água da vida
que a cada instante força o amor
a remover mil fogueiras.

E outra marca mais: o corpo,
assim como o coração, desembestado,
corre de encontro ao beijo
para tornar-se leve e delicado
como os lábios do meu amado.

Ah, que suavidade inebriante vem
desse amor que desconhece limites!

[O colar de minha fala]

Se não vais dormir, senta-te,
já estou indo.
Conta a tua história,
a minha eu já contei.
Cansei-me de todas elas e me sinto ébrio;
o sono me faz cambalear
e cair num lugar qualquer.

Dormindo ou acordado, não importa,
estou sedento do amigo.
Companheiro e par de sua imagem,
persigo sua face como um reflexo no espelho
que revela e esconde a beleza que a envolve.
Rio quando ele ri,
agito-me quando ele se agita.

Conta tu mesmo o resto da história:
do teu oceano derivam as pérolas de sentido
que enfiei, uma a uma, no colar da minha fala.

[No meu funeral]

No dia em que levarem meu corpo morto
não penses que meu coração ficará neste mundo.
Não chores por mim, nada de gritos e lamentações
– lembra que a tristeza é mais uma cilada do demônio.

Ao ver o cortejo passar, não grites: "ele se foi!"
Para mim, será esse o momento do reencontro.
E quando me descerem ao túmulo, não digas adeus!
A sepultura é o véu diante da reunião no paraíso.

Ante a visão do corpo que desce
pensa em minha ascensão.
Que há de errado com o declínio do sol e da lua?
O que te parece declínio é tão somente alvorada.

E ainda que o túmulo te pareça uma prisão,
é ele que liberta a alma:
toda semente que penetra na terra germina.
Assim também há de crescer a semente do homem.

O balde só se enche de água
se desce ao fundo do poço.
Por que deveria o José do espírito
reclamar do poço em que foi atirado?

Fecha a tua boca deste lado
e abre-a mais além.
Tua canção triunfará
no alento do não-lugar.

[Além dos sonhos]

Dentro de mim há um oceano
em que se afogam, com todas as suas penas,
mil Rumis.
Mundos dentro de mundos.

No seio desse oceano,
sonhadores engendram
múltiplas Bagdás.
Adormecido ou desperto,
onde viste a ti mesmo por inteiro refletido?

Vagueia o sonhador, de quarto em quarto,
até despertar num estranho aposento.
Lá, uma manhã insólita
chega branca como cânfora
para entregar-se inteira a ti.

Um vento suave
cinge teu peito.

[Estou Partindo]

Fica, se te interessa.
Através dos jardins, através dos pomares,
estou partindo.

Meu dia é sombrio sem sua face,
eis porque me dirijo agora
à chama brilhante no céu.

Minha alma corre à frente e diz:
o corpo é lento demais,
estou partindo.

Maçãs exalam no pomar de minha alma.
Seu perfume me invade
e me transporta para a colheita das maçãs.

Ventos súbitos não me desviarão;
qual montanha de ferro,
cada um de meus passos
dirige-se ao amado.

Minha cabeça rompeu-se
com a dor de sua perda;
em busca de uma nova vida,
cabeça erguida,
estou partindo.

Sou fogo vivo e mais pareço betume;
quero ser óleo límpido em tua lâmpada
e por isso parto.

Pareço imóvel como a montanha,
mas sigo, pouco a pouco,
em direção à pequena fresta.

– Estou chegando.

[Fica]

Tocaste a órbita do coração celeste,
agora fica aqui.
Pudeste ver a lua nova
agora fica.

Sofreste em excesso
por tua ignorância,
carregaste teus trapos
para um lado e para outro,
agora fica aqui.

Teu tempo acabou.
Escutaste tudo o que se pode dizer
sobre a beleza desse amante,
fica aqui agora.

Juraste em teu coração
que havia leite nesses seios,
agora que provaste desse leite,
fica.

[Aqui]

Aqui, ó lua, fizeste a promessa
de que jamais partiremos deste lugar.
Aqui a alma encontrou vida,
daqui os olhos retiraram a alegria.

Aqui os pés fundiram-se ao barro
– como escapar desta prisão?
Aqui, juro por tudo,
deixamos nosso coração.

Daqui não retirarás, ó Deus, ninguém,
pois aqui a morte já não penetra
– foi-se para longe e para sempre.
Como o sol, daqui te ergueste
e daqui teus raios me iluminaram.

A alma pôs-se verdejante, fêz-se alegre
e sentiu-se fresca – pois aqui
ela alcançou a eternidade
– aqui.
Retira de novo o teu véu, ó lua,
ergue-te uma vez mais deste lugar.

Aqui jorra o vinho eterno.
Verte aqui, ó *saqi*, esse vinho.
Ó aguadeiro, enche aqui teu odre,
que esta é a fonte da água da vida.
Aqui os corações encontraram plumas e asas
e daqui a sabedoria alçou voo.

[Teus olhos irados]

Tua alma inscreveu-se inteira em minha alma,
e teu pensamento apossou-se dos meus.
Tudo que sentes, tudo que pensas
atravessa no mesmo instante a mente de teu escravo.

Meu ser está pleno de tua graça e beleza,
teus disfarces já revelaram mais de mil faces.
A cada manhã a flauta de bambu lamenta
a amarga ausência de teus lábios,
e o sopro de teu amor enche de açúcar
a embocadura dessa flauta.

Ao contemplar teu rosto de lua,
tua silhueta, teu perfil,
minha alma fundiu-se à lua nova.
E se me transformo em *zunnar*
é para que me ates à tua cintura.

Com teus olhos irados
viraste minha cabeça
para que este coração peregrino
viajasse para longe de si

[A morte e o amor]

Só a morte põe fim seguro
às dores e aflições da vida.
A vida, porém, temerosa,
tudo faz para adiar esse encontro.

É que a vida vê da morte
apenas a mão sombria
e fecha os olhos à luzente taça
que a mesma morte lhe oferece.

Assim também foge do amor
o coração apaixonado,
receoso de um dia morrer
da mesma paixão por que vive.

Lá onde nasce o verdadeiro amor
morre o 'eu', esse tenebroso déspota.
Tu o deixas expirar no negro da noite
e livre respiras à luz da manhã.

[O mundo é espuma]

A palavra surge da alma
mas diante dela se apequena.
Das pérolas da alma
a língua se envergonha,
não tem como explicá-las.

Ter sabedoria e vertê-la em palavras
é a honra maior a nós concedida.
Mas diante do sol da verdade
fala e saber minguam e desaparecem.

O mundo é como espuma,
e o mar, os atributos de Deus:
também a espuma do mundo se cala
ante a pureza desse mar.

Para alcançar a água,
retira a espuma
– ela é nada diante do mar.

No tempo, os contornos
aparecem e se esvaem.
No céu e na terra,
aparta-te das aparências
– sob a terra toda forma se desfaz.

Quebra o núcleo da letra
e chega ao sentido da palavra.
Cada vez que imaginas algo,
pensas removido o véu
e alcançada a verdade,
mas o único véu é tua imaginação.

Esse mundo que é nada
e encobre a beleza de Deus
é também sinal e prova de sua presença.
Nossa existência – mero favor
de Shams de Tabriz, obséquio da alma —
encobre sua essência
e diante dela se envergonha.

[O retorno da alegria]

Seca tuas lágrimas
e nada temas.
A alegria perdida há de voltar
sob outra forma.

Vem do leite da mãe
o primeiro gozo da criança;
mais tarde o prazer virá
do doce sabor do vinho.

A alegria suprema não conhece repouso,
passa de uma forma a outra,
num trânsito incessante
entre o céu e a terra.

Vem do firmamento como chuva
e se infiltra na terra,
para de novo subir
como um mar de rosas.

Aparece aqui como água,
ali como um prato de arroz;
agora é uma árvore vergada,
mais tarde, um cavalo e seu dono.
Reside nas formas por um tempo,
logo irrompe e torna-se outra coisa.

Assim também são nossos sonhos:
Dorme o corpo enquanto a alma se move.
Sonhas ser um cipreste, um mar de tulipas,
os botões da rosa e do jasmim.
Eis que a alma retorna e tu despertas:
foram-se os ciprestes, sumiram as rosas...

Não te enganes:
tudo que agora vês
desaparecerá como um sonho.

Não quero perturbar-te, amigo,
com minha fala arrevesada.
Talvez escutes somente a Deus,
cuja fala decerto é mais clara que a minha.
Mas conseguirás mesmo ouvi-lo
em meio a tanto palavrório?

Todos falam do pão dourado,
mas quem conseguiu prová-lo?
Onde encontrar repouso, ó alma,
senão no amor turbulento do coração?
Onde enxergar a luz do sol
senão nos olhos puros de Shams,
o amado que é só meu?

[Onde está Rumi?]

Onde está o Rumi
que seja bom ou mau?
Quando o amado chega,
sou muçulmano;
quando parte,
eis-me um infiel.

Entre tudo no mundo
tu és meu escolhido.
Em tuas mãos
sou uma pena,
e só posso ser
o que fazes de mim.

Vejo apenas
o que mostras.
O que me dás
é tudo que tenho.
Ó amado, o que buscas
em meu bolso e em minha manga?

[Sai do círculo do tempo]

Sai do círculo do tempo
e entra no círculo do amor.
Entra na rua das tavernas
e senta entre os beberrões.

Se queres a visão secreta,
fecha teus olhos.
Se desejas um abraço,
abre teu peito.

Se anseias por uma face com vida,
rompe esse rosto de pedra.
Por que hás de pagar o dote da vida
a essa velha bruxa, a terra?

Mil gerações já gozaram
do que agora tens.
Prova a doçura em tua boca
que antes foi flor, abelha e mel.

Vamos, aceita esta pechincha:
dá uma única vida
e leva uma centena.

[Além da dor e da alegria]

Dor, alegria...
qual a diferença agora?
Onde estão as lágrimas
que possas mostrar ao amado
quando ele chegar?

Se não vertes lágrimas
nem o desejo sentes
olha apenas, e basta.
Contempla esses mundos,
imensos, girando do nada.

Este é o poder
que ainda é teu.

[O que não somos]

A dor que atraímos
transforma-se em alegria.
Vem, tristeza, aos nossos braços
– somos nós o elixir dos sofrimentos.

O bicho-da-seda come as folhas
e faz seu casulo.
Não possuímos a folhagem desta terra
– somos nós o casulo do amor.

Apenas somos
quando em nada nos tornamos.
É quando perdemos nossas pernas
que nos tornamos corredores.

Calo minha boca.
Direi o resto do poema
de boca fechada.

[A nona lua]

Deixa-te seduzir pelos movimentos desse véu.
– Não sabes que atrás dele se esconde
a face da mais bela jovem da China?
Em cada pedra que jaz a teus pés
podes ver o reflexo da verdadeira lua.

És folha espalhada ao vento invisível.
– Não sabes o que te faz mover?
É preciso um pensamento que agite esse vento;
e se o vento não se aquieta
tu também não tens repouso.

Constelações, planetas, teus estados interiores
são como camelos em fila
– tu és o último deles.
Recolhe-te e bebe deste sangue,
como uma criança dentro do útero do céu.

Sentes uma dor na órbita do coração,
mas ela se vai quando ergues a cabeça.
Tua nona lua é a face de Shams,
tu, a quem foi confiado
o segredo dos dois mundos.

Sê paciente, ó coração,
neste sangue,
até a nona lua.

[Milagres]

Milagres manam do mestre,
visíveis e secretos
– não te surpreendas.

O menor dos milagres é apenas isto:
quem se aproxima de um ser perfeito
embriaga-se em Deus.

Quando um ser realizado
faz da água o sustentáculo de seus pés,
perplexos, seguimos seus passos.

Por caminhos que nos transcendem,
a visão da plenitude conduz a alma
de volta à fonte de toda luz.

Um santo move uma montanha.
– A quem comove tal feito?

Maior maravilha é o pão que se faz sem levedo,
as iguarias que não se veem,
as uvas de Maria que nunca viram a videira!

[Sama I]

Na noite da criação,
enquanto todos dormiam
lá estava eu, desperto:
testemunhei o primeiro instante
e ouvi a primeira história jamais contada.

Fui o primeiro a enredar-me
nos cabelos do grande imperador.
Girando ao redor do eixo do êxtase,
entrei em rotação como a roda do céu.
Como descrever isso a ti,
que foste criado tanto tempo depois?

Fiz companhia àquele amado antigo
e sedento como um cântaro quebrado
bebi o vinho amargo de sua tirania.
Vivi na sala dos tesouros.
Por que não brilharia como a taça do rei?
Sou o segredo que jaz no fundo do oceano.
Por que a bolha não se tornaria mar?

Silêncio!
Ouve apenas tua voz interior.
Recorda o primeiro instante:
estamos além das palavras.

[Sama II]

Vem, vem, tu que és a alma
da alma da alma do giro!
Vem, cipreste mais alto
do jardim florido do giro.

Vem, não houve nem haverá
jamais alguém como tu.
Vem e faz de teus olhos
o olho desejante do giro.

Vem, a fonte do sol se esconde
sob o manto da tua sombra.
És dono de mil Vênus
nos céus desse remoinho.

O giro canta tuas glórias
em mil línguas eloquentes.
Tento traduzir em palavras
o que se sente no giro.

Quando entras nessa dança,
abandonas os dois mundos;
é fora deles que se encontra
o universo infinito do giro.

Muito alto, distante se vê
o teto da sétima esfera,
mas muito além é que encontras
a escada que leva ao giro.

O que quer que exista, só existe no giro;
quando danças, ele sustenta teus pés.
Vem, que este giro te pertence
e tu pertences ao giro.

O que faço quando vem o amor
e se agarra ao meu pescoço?
Seguro-o, aperto-o contra o peito
e arrasto-o para o giro!

E quando as asas das mariposas
abrem-se ao brilho do sol
todos caem na dança, na dança
e jamais se cansam do giro!

[Sama III]

Viemos girando
do nada,
espalhando estrelas
como pó.
As estrelas puseram-se em círculo
e nós ao centro dançamos com elas.

Como a pedra do moinho,
em torno de Deus
gira a roda do céu.
Segura um raio dessa roda
e terás a mão decepada.

Girando e girando
essa roda dissolve
todo e qualquer apego.
Não estivesse apaixonada,
ela mesma gritaria – basta!
Até quando há de seguir esse giro?

Cada átomo gira desnorteado,
mendigos circulam entre as mesas,
cães rondam um pedaço de carne,
o amante gira em torno
de seu próprio coração.

Envergonhado ante tanta beleza,
giro ao redor de minha vergonha.

[Sama IV]

Vem!
Ouve a música do *sama*.
Vem unir-te ao som dos tambores!
Aqui celebramos:
somos todos Al-Hallaj dizendo: "Eu sou a Verdade!"

Em êxtase estamos.
Embriagados, sim, mas de um vinho
que não se colhe na videira;
O que quer que pensem de nós
em nada parecerá ao que somos.

Giramos e giramos em êxtase.
Esta é a noite do *sama*
Há luz agora.
– Luz! Luz!

Eis o amor verdadeiro
que diz à mente: adeus.
Este é o dia do adeus.
– Adeus! Adeus!

Todo coração que arde
nesta noite
é amigo da música.

Ardendo por teus lábios
meu coração
transborda de minha boca.

Silêncio!
És feito de pensamento, afeto e paixão.
O que resta é nada
além de carne e ossos.

Por que nos falam
de templos de oração,
de atos piedosos?
Somos o caçador e a caça,
outono e primavera,
noite e dia,
o Visível e o Invisível.

Somos o tesouro do espírito.
Somos a alma do mundo,
livres do peso que vergasta o corpo.

Prisioneiros não somos
do tempo nem do espaço
nem mesmo da terra que pisamos.

No amor fomos gerados.
No amor nascemos.

[Divina sorte]

Vieste apenas contemplar o nascer do sol
e te deparas conosco
girando como átomos em profusão.
– Quem teria tanta sorte?

Sabes de alguém
que foi ao lago buscar água
e lá foi recebido
pelo reflexo prístino da lua?

Quem, cego como Jacó,
ao procurar o filho perdido,
recupera a luz dos próprios olhos?
Quem, com os lábios ressequidos,
lança um balde ao fundo do poço
e alça um oceano de néctar?
– Quem teria tanta sorte?

Quem, como Moisés,
encontra um arbusto no deserto
e nele contempla o ardor
de uma centena de alvoradas?
Quem, como Jesus, o Cristo,
entrega-se a seus algozes
e encontra um passo para o outro mundo?

Quem, como Salomão,
abre o ventre de um peixe
e resgata um anel de ouro?
– Quem teria tanta sorte?

Um assassino avança para matar o Profeta
e tropeça na arca perdida do tesouro.
Uma ostra abre a boca para reter uma gota d'água
e descobre uma pérola brilhante dentro de si.

Um mendigo revira um monte de lixo
e acha uma joia de valor inestimável.
– Quem teria tanta sorte?

Abandona, amigo,
todas as tuas histórias e palavras vãs.
Que companheiros e estranhos te olhem
e contemplem um dilúvio de luzes;
que vejam a porta do céu se abrindo
– que tenham todos tão boa sorte.

E aqueles que andam à procura de Shams?
Os pés incham, as costas se curvam,
caem na terra em completa exaustão.
Eis que chegam as asas de seu amor
e nos carregam, leves, na direção dos céus.
– Quem poderia alcançar maior sorte?

[Eu sou Tu]

Sou as partículas de pó à luz do sol,
sou o círculo solar.
Ao pó digo: "não te movas",
e ao sol: "segue girando".

Sou a névoa da manhã
e a brisa da tarde.
Sou o vento na copa das árvores
e as ondas contra o penhasco.

Sou o mastro, o leme, o timoneiro e a quilha
e o recife de coral em que naufragam as embarcações.
Sou a árvore em cujo galho tagarela o papagaio,
sou silêncio e pensamento, e também todas as vozes.

Sou o ar pleno que faz surgir a música da flauta,
a centelha da pedra, o brilho do metal.
Sou a vela acesa e a mariposa
girando louca ao seu redor.
Sou a rosa e o rouxinol
perdido em sua fragrância.

Sou todas as ordens de seres,
a galáxia girante,
a inteligência imutável,
o ímpeto e a deserção.
Sou o que é
e o que não é.

Tu, que conheces Jalal ud-Din.
Tu, o Um em tudo,
diz quem sou.
Diz: eu sou
Tu.

[Danço com a luz]

Aqui estou em teu jardim
sob a árvore que concede todos os desejos.
Tão cheio de fogo estou
que danço sem música.

Sou uma sombra
dançando com a luz do sol.
Às vezes me alongo e me deito ao chão,
às vezes me encolho e tenho a cabeça aos pés.

Além da luz e das trevas
que se alternam nesta terra,
traço meu caminho
através das eras.

Sou o faraó dos egípcios
e o guia dos judeus,
ora a serpente deslizando na areia,
ora o cajado de Moisés.

Entre os homens de letras,
num momento sou a pena,
noutro sou a lei da verdade.

Desiste de procurar o amor
apoiando-te no bastão do intelecto;
este bastão não é nada
além da bengala do cego.

Tudo o que preciso
é um sinal que venha de ti,
basta um aceno teu
e minha alma será libertada.

Não sou deste lugar;
aqui sou estrangeiro e ando às cegas,
à espera de que chegues e me mostres
o caminho que devo seguir.

[A hora da união]

De toda parte chega o segredo de Deus;
eis que todos correm, desconcertados.
Dele, por quem todas as almas estão sedentas,
chega o grito do aguadeiro.

Todos bebem o leite da generosidade divina
e querem agora conhecer o seio de sua nutriz.
Apartados, anseiam por ver
o momento do encontro e da união.

A cada nascer do sol oram juntos
muçulmanos, cristãos, judeus.
Abençoado todo aquele em cujo coração
ressoa o grito celeste que chama: Vem!

Limpa bem teus ouvidos
e recebe nítida essa voz
– o som do céu chega como um sussurro.

Não manches teus olhos
com a face dos homens
– vê que chega o imperador da vida eterna.

Se te turvaram os olhos,
lava-os com lágrimas,
pois nelas encontrarás
a cura de teus males.

Acaba de chegar do Egito
uma caravana de açúcar
– já se ouvem os sinos e os passos cansados.

Silêncio!
Eis que chega o Rei
para completar o poema.

[Mundos infinitos]

A cada instante a voz do amor nos circunda
e partimos em direção ao céu profundo;
por que deter-se a olhar ao redor?

Já estivemos antes por esses espaços
e até os anjos nos reconhecem.
Retornemos, ó mestre, que é lá nosso lugar.

Estamos acima das esferas celestes,
somos superiores aos próprios anjos.
Além da dualidade, nossa meta é a glória suprema.

Quão distante está o mundo terreno
do reino da pura substância.
Por que descemos tanto?
Apanhemos nossas coisas
e subamos mais uma vez.
Sorte não nos faltará,
ao entregarmos de novo nossas almas.

Nossa caravana tem por guia Mustafá,
a glória do mundo.
Ao contemplar sua face
a lua partiu-se em dois pedaços
– não pôde suportar tanta beleza
e fêz-se feliz mendicante
frente àquela riqueza.

A doçura que o vento nos traz
é o perfume de seus cabelos.
A face que traz consigo a luz do dia
reflete o brilho de seus pensamentos.

Olha bem dentro de teu coração
e vê a lua que se despedaça.
Por que teus olhos ainda fogem
dessa visão maravilhosa?

O homem emerge do oceano da alma
como os pássaros do mar.
Como há de ser a terra seca
o lugar do descanso final
de uma ave nascida nesse mar?

Somos pérolas desse oceano,
a ele pertencemos, cada um de nós;
seguimos o movimento das ondas
que se arrastam até a terra
e, então, retornam ao mar.

Eis que surge a última onda
e arremessa o navio do corpo à terra;
e quando essa onda regressa
naufraga a alma em seu oceano.
Este é o momento da união.

[Se não és]

Se não és um buscador, buscarás conosco;
se não és um trovador, cantarás conosco.
Se és Qarun, o amor fará de ti um mendigo.
Se és senhor, escravo hás de ser.

Uma única tocha de nosso parlamento
ilumina uma centena de mundos:
teus pés libertam-se das amarras,
e tudo brilha diante de teus olhos.

Vivo ou morto,
em nosso espírito ressuscitarás.
Como uma rosa,
conosco teu ser se abrirá.

Veste estes trapos por um instante
e verás os seres de coração puro;
despreza a seda,
usa o rude algodão, como todos nós.

Quando o grão é semeado,
ele se agita e torna-se árvore;
se compreendes este segredo,
deitarás na terra como nós.

Shams-ul-Haqq de Tabriz
disse ao broto do coração:
quando teu olho se abrir
serás mais um vidente entre nós.

[Arte em ruínas]

Sou um escultor, um criador de formas.
A cada momento dou vida a novos ídolos
e derreto-os todos diante de ti.

Componho uma centena de imagens
e dou-lhes vida com o sopro do espírito,
mas quando diviso tua face
atiro todas as cópias ao fogo.

És aquele que enche a taça do ébrio
ou o inimigo dos que bebem vinho?
Ou ainda aquele que põe por terra
toda casa que construo?

Minha alma transborda de minha taça
e com o vinho da tua se mistura;
ela absorveu teu perfume
e é só por isso que a acalento.

Cada gota de sangue que flui em mim
diz ao pó: somos da mesma cor,
meu amado e eu.

Nesta casa de água e barro,
desolado se vê, sem ti, meu coração.
Entra em minha casa, ó alma pura,
ou daqui também fugirei.

[O amante]

Contentar-se é uma coisa,
amar é bem diferente;
quem preza sua cabeça
não tem corpo para amar.

Podem os olhos de fogo do amor,
encharcados no sangue e no fel,
seguir o desejo do coração
e a subsistência do espírito?

O amante não chora por sua condição lastimosa,
nem esfrega os olhos por suas mágoas sem fim;
decair e decair a cada novo dia
é tudo que deseja.

Não almeja um dia de sorte,
nem uma noite de sono tranquilo;
seu coração se esconde sempre,
como a madrugada, entre a sombra e a luz.

Fortuna e aflição,
eis as duas moradas deste mundo;
graças à essência de Deus,
o amante não habita esses lugares.

O oceano não o desfaz em espuma,
pois ele é uma pérola única;
dourada é sua face,
mas não foi da mina que surgiu.

Enamorado do espírito do rei,
por que deveria o coração
habitar um reino qualquer?

Atado como cinto àquela fina cintura,
por que seguiria o espírito
atrás de algum manto real?

Chegasse a este mundo uma fênix,
o amante a veria como sombra
da ave de sonhos de que já está enamorado.

Mesmo que o universo inteiro
em açúcar se transformasse,
seu coração, como a flauta,
não faria mais que lamentar;
e ele insiste em derreter-se como o açúcar,
mesmo quando o amargo 'não'
vem da boca do amado.

Perguntei ao meu senhor por Shams de Tabriz,
cuja morada permanente é o amor:
por que deve partir
um rei de tanta nobreza?

[Quando deixaste o mundo]

Finalmente partiste para o invisível.
Estranho rumo seguiste para deixar este mundo.
A força de tuas asas rompeu a gaiola,
ganhaste os ares e voaste para o mundo da alma.

Eras o falcão favorito do rei
nas mãos de alguma anciã,
mas ao ouvir o tambor
escapaste para o não-lugar.
Eras um rouxinol entre corujas
mas a fragrância das rosas te envolveu
e correste para o jardim.

O vinho rude que tomaste entre nós
te fez doer a cabeça;
finalmente chegaste à taverna perene.
Como uma flecha, foste certeiro ao alvo da alegria.

O mundo, feito um espectro,
quis enganar-te com falsas pistas,
mas te recusaste a segui-las
e foste direto ao que não deixa rastros.

Se és o sol, o que farás de tua coroa?
Como irás usá-la
agora que abraçaste a noite?

Ah, coração, mais rara das aves,
sempre em busca da atenção do céu,
como um escudo voaste para a ponta da lança!

As rosas fogem do outono,
e tu, rosa tola,
a seus braços frios te entregaste.
Caída como chuva de outro espaço
sobre nosso mundo de sombras,
quiseste fugir por todas as direções
e pelas entranhas da terra escapaste.

Silêncio.
Liberta-te da dor da fala.
Não durmas, agora que encontraste abrigo
junto ao amigo querido.

NOTAS

Um pouco à maneira da *Divina Comédia*, que possui seu arcabouço simbólico claramente construído segundo a teoria medieval dos quatro sentidos da escritura (literal, alegórico, trópico e anagógico), o *Divan de Shams de Tabriz*, composto apenas algumas décadas antes do poema dantesco, também conta com um repertório simbólico altamente elaborado, típico da mística persa do período clássico. Todos os símbolos maiores de Rumi — a lua, o sol, o vinho, o falcão, o rubi, o açúcar, a megera, o moinho, o jardim, o não-lugar, o não-ser, etc. — foram discutidos com detalhe e sensibilidade por autores como Sirdar Ikbal Ali Shah, Annemarie Schimmel, Jonathan Star, Sharam Shiva e Mahin Tajadod, entre outros. Apesar de ser virtualmente impossível dar conta de todo o simbolismo contido no *Divan*, optei por descrevê-los de modo bastante sintético nas notas a alguns dos poemas e no texto da Introdução. Obviamente, familiaridade com o *Masnavi* ajudará numa assimilação mais profunda de certas imagens e ideias neles contidas. Igualmente úteis são as excelentes notas explicativas da edição brasileira d'*A Linguagem dos Pássaros*, de Attar, traduzida por Alvaro Machado e Sergio Rizek, as quais certamente ampliarão a compreensão de vários símbolos místico-poéticos do *Divan*.

Decidi iniciar as notas por uma descrição dos símbolos criados em torno do vinho por servir de excelente ilustração de como se engendram as cadeias de significação, e por tratar-se do conjunto simbólico mais recorrente em toda a literatura sufi, incluindo o *Divan de Shams de Tabriz*.

O vinho é símbolo do êxtase que conduz o devoto para além de si mesmo quando na presença de uma visão ou emanação do Amado. É ainda o catalisador que impulsiona a alma do místico em direção à vida espiritual. O *saqi*, ou escanção, é aquele que induz a beber. Traz consigo o vinho do amor e da afeição; é o mestre que leva o discípulo, através do amor, a beber do conhecimento divino. A taverna simboliza o coração do místico. O vendedor de vinho, o taverneiro, é o perfeito discípulo que conhece as qualidades de Deus. Frequentar tavernas é estar livre da alma inferior pois a taverna é o santuário que não tem lugar no mundo, o ninho do pássaro da alma.

Os intoxicados, libertinos, embriagados, loucos, os amantes, são os sufis que estão mergulhados no oceano da Unidade, instruídos nos mistérios e indiferentes às vicissitudes do mundo. A embriaguez e vadiagem que lhes são atribuídas tipificam a abstração ou distanciamento da alma em seu desprezo pelas coisas mundanas.

A LUA DE TABRIZ (p. 53)

O poema narra o impacto de Rumi quando seu destino e o de Shams se cruzaram.

lua – símbolo da beleza humana. Lembremos que Muhammad é chamado "Lua do Islam" e também que a lua crescente é o símbolo do Islam.

Shams - sol; conforme discutido na Introdução, Rumi joga todo o tempo com o duplo sentido do nome Sol (Shams) de Tabriz. No verso final do poema ele usa o epíteto Shams ul-Haqq, o sol da verdade, para referir-se a Shams ud-Din. A polissemia do sol e da lua, presente em muitos poemas do Divan é máxima neste gazal (v. também *Introdução*).

falcão – simboliza a alma superior que, separada de sua origem divina, a ela retorna mediante o toque do tambor, o chamado de seu senhor. Esta imagem é desenvolvida por Rumi no *Masnavi* (2:265-325), que conta a história de um falcão branco cujo bico e pés foram cortados por uma velha megera, que simboliza a natureza mundana. O falcão aparece em vários outros poemas desta coletânea, a saber: "Além do deserto e do céu", "Volta e Voa", e "O Falcão do Imperador".

EVOLUÇÃO DA FORMA (p. 66)

mar de Oman – o mar mais ao sul dos três mares do Golfo Pérsico; para Arberry, é um símbolo do Oceano Divino

A CAABA DO CORAÇÃO (p. 70)

face de Moisés – provável referência à passagem bíblica sobre o esplendor do rosto de Moisés logo após sua descida do Sinai (2 Cor 3:7).

Qarun – Homem riquíssimo e avaro, tragado pela terra, com todos os seus tesouros, como o Coré da Bíblia (Num 16:32-33).

SÊ FIEL (p. 72)

Acredita-se que este foi o último poema de Maulana Rumi, feito em seu leito de morte. Seu filho Baha'ud-Din Walad não conseguia dormir e seu pai moribundo começou esse poema para acalmá-lo e fazê-lo adormecer. Comovidos às lágrimas, os presentes o copiaram.

esmeralda – Nos tempos de Rumi acreditava-se que a esmeralda tinha a propriedade de afugentar as serpentes.

EM BUSCA DO AMADO (p. 76)

Um cacho de cabelo do amado – Rumi talvez se refira aqui às tranças de Muhammad, que conforme vimos é também prenome de Shams. Lembremos ainda o significado dos nomes Shams ud-Din, o sol da religião, e Jalal ud-Din, o revelador da religião. Uma vez que é Rumi quem transcreve os poemas de Shams, ele é o "revelador do sol da religião".

Anqa – pássaro legendário que costumava representar, para os sufis, o Deus desconhecido. Identificado também como o pássaro Simorgh, que às vezes é utilizado para simbolizar o homem perfeito. O simbolismo do Simorgh está ricamente discutido na edição brasileira d'*A Linguagem dos Pássaros*, de Attar. Anqa ou Simorgh mora no monte Qaf.

Qaf – montanha mítica que, à semelhança do Monte Meru dos hindus, ao Alborj dos persas e ao Olimpo dos gregos, designa o paraíso terrestre, uma região que tornou-se inacessível à humanidade. Simbolicamente é tanto o centro do mundo como seus limites, a um só tempo uma montanha e uma cordilheira que circunda o mundo, limitando, portanto, "os dois horizontes". Geograficamente identificada ao Cáucaso pelos povos orientais, representa essencialmente o eixo fixo em torno do qual se realiza a revolução de todas as coisas.

A ÁGUA E O PÃO (p. 78)

Este poema foi transcrito por Aflâki (*Les Saints des Derviches Tourneurs*, Vol. I, p. 291), que nos conta como Rumi o escreveu: "Um dia o sheik Sadr-ed-din, o *qadi* (juiz) Siraj-ed-din, juntamente com outros sábios, dervixes e místicos saíram da cidade para contemplar a grande mesquita de Meram e seus belos jardins. Nosso mestre aceitou unir-se a esse passeio. Assim que chegaram, ele se apartou dos outros e entrou em um moinho, onde permaneceu por longo tempo. A espera ultrapassou todos os limites. O sheik e o *qadi* Siraj-ed-din foram procurá-lo, entraram no moinho e lá o viram, absorto numa dança ritual ao redor da mó. "Em nome de Deus! exclamou Rumi, não é verdade que essa mó diz: *"ya-Sobuh! ya-Quddus!"*

(ó Glorioso, ó Sagrado)?" Assim contou o sheik: O *qadi* Siraj-ed-din e eu compreendemos, naquele momento, de um modo sensível, que de fato essas palavras saíam da mó. O mestre começou então a recitar o gazal: "O coração é como um grão...".

O ESCRAVO QUE REINA (p. 79)

cera que fez o ferro virar aço – referência ao rei David, imagem provavelmente inspirada nos versos de Farid ud-Din Attar: "Pensa em David, que se ocupava fazendo armaduras e tornava o ferro brando como a cera com os suspiros ardentes de seu coração" *(A Linguagem dos Pássaros*, "Invocação"). Remete-se também a uma passagem corânica que diz: "Demos a David favor proveniente de Nós... Para ele fizemos maleável o ferro'" (Sura XXXIV, 10-11).

unguento - *surmeh*, também conhecido como *kohl*, é uma preparação à base de antimônio utilizada para escurecer as extremidades das pálpebras. Além de ser usado como cosmético para realçar os olhos, acredita-se que torne a visão mais nítida. O termo é também empregado como artifício poético para retratar alguns desdobramentos da identificação amorosa: os olhos se tornam belos quando veem (ou para que possam ver) a beleza do amado. Attar desenvolve essa ideia, dizendo: "se teu olho é perfeito, verás apenas perfeição; se é defeituoso, verás apenas defeitos". Essa mesma relação aparece em Mateus 6,19-22: "O olho é a luz do corpo. Se teu olho é são, todo teu corpo será iluminado. Se teu olho estiver em mau estado, todo teu corpo estará nas trevas. Se a luz que está em ti é trevas, quão espessas serão as próprias trevas".

VIAJA DENTRO DE TI (p. 80)

rubi – outro símbolo da metamorfose espiritual, conduzida pelo Amado, experimentada pelo amante. Segundo fontes orientais mencionadas por Annemarie Schimmel, a alquimia da Graça Divina transmuta a pedra vulgar em rubi, que é a obra em vermelho, realização última do processo alquímico de purificação da matéria.

A LUA DO OLHO (p. 82)

A alusão explícita a Platão neste poema apenas corrobora a influência profunda do filósofo grego na visão de mundo de Rumi, que pode ser considerado um representante da escola platônica persa, cujo maior representante foi Sohrawardi, falecido menos de dez anos antes do nascimento de Rumi. O que faz Rumi é oferecer uma identificação existencial, encarnada, ao sol-criador postulado por Platão na belíssima alegoria da caverna encontrada na *República*. Ao sol platônico que ilumina o mundo das ideias, o mesmo *alam al-mithal* (reino intermédio das imagens perfeitas) de Sohrawardi, Rumi identificou seu Shams (sol) de Tabriz. A perspectiva platônica está presente em inúmeros poemas do *Divan* aqui selecionados, marcadamente em "Imagem de sombras". O platonismo persa tem sido difundido no mundo ocidental pelos minuciosos e inspirados estudos de Henry Corbin.

COMO AÇÚCAR NA ÁGUA (p. 90)

sol-estrela – outra clara alusão ao platonismo místico persa, com sua simbólica frequente da aurora nascente.

Alexandre – Alexandre, o Grande (em árabe, *Iskandar*), é considerado um santo pelos muçulmanos; aparece no Alcorão (Sura XVIII, 83-98) como "o detentor dos dois cornos" ou raios de glória. Diz a tradição que, depois de conquistar praticamente todo o mundo conhecido, ficou cego e vagou pelo mundo até o final de seus dias. Assim, "dirigir todos os exércitos para dentro" é fechar os olhos para o mundo exterior e voltar-se para o mundo interior, o que corresponde à passagem do "pequeno *jihad*" (o combate exterior) ao "grande *jihad*" (o combate interior).

REMOVE A POEIRA DO MAR (p. 94)

Os banhos persas eram decorados com afrescos; segundo Arberry, são formas materiais que simbolizam a beleza espiritual.

espada de Ali – o texto persa utiliza a conhecida expressão *Zu'l-Fiqar*, a espada que simboliza a justiça.

trilha de luz – nessa imagem polissêmica se condensa também a metafísica dos discípulos de Sohrawardi (*Ishraqiun*): só transcendemos o "exílio ocidental", o perpétuo ocaso desse mundo sombrio, através da iniciação angélica que nos conduz, pela luz, ao reino perfeito do Oriente, a eterna aurora nascente.

sauna – como o banho turco, duas imagens da caverna platônica, da qual se divisa os quadros e afrescos tornados visíveis pelo sol, vindo do divino espaço sem-lugar.

O FOGO QUE DERRETE O VÉU (p. 111)

Hidr – ou Khidr, o guia misterioso que conduziu Alexandre (Dhu l'-Qarnain) à Fonte da Imortalidade e é o companheiro dos místicos. Ver o extenso comentário de Machado e Rizek em *A Linguagem dos Pássaros*, da Attar Editorial, p. 264-265.

saber que vem de nós – texto do Alcorão 18:65.

TORNA-TE AMANTE (p. 115)

Salomão e a linguagem dos pássaros – Salomão, o intérprete da linguagem dos pássaros, simbolicamente, a linguagem dos Anjos, encarna neste poema o Mestre (*Pir*), o Amado.

NÃO ENCONTRARÁS (p. 118)

Supõe-se que este gazal faz parte do conjunto daqueles compostos durante o tempo em que Shams havia fugido de Konya e Rumi o buscava pelos lados de Damasco.

O VINHO DO INVISÍVEL (p. 122)

saqi – taberneiro; escanção, o que verte o vinho; preservei o termo persa por sua sonoridade.

MAIOR QUE O ESPÍRITO SANTO (p. 123)

Asaf – Asaf ibn Barkhya, um sábio vizir que assistiu Salomão como seu ministro e cuja sabedoria se tornou proverbial.

Rustam – Um dos grandes heróis da tradição mítica iraniana, filho de Zal, guerreiro cuja bravura em defesa do reino do Irã é descrita no *Shah-Nameh* (Épico dos Reis) de Firdausi (séc. XI). É muitas vezes usado no *Masnavi* como símbolo de virilidade e força.

Espírito Santo – na angelologia do platonismo persa, tal como interpretada por Henry Corbin em seu comentário à edição das obras de Sohrawardi: o anjo do Espírito Santo seria o anjo da raça humana, o hermeneuta, para os homens, dos níveis do ser que se encontram num estágio superior à nossa experiência terrestre.

TEUS OLHOS IRADOS (p. 132)

zunnar – cinturão usado pelos cristãos e judeus sob domínio muçulmano, portanto, um símbolo de infidelidade ou heresia. Também usado para denotar práticas exteriores da religião, pode, para os sufis, simbolizar também a sinceridade no caminho espiritual.

A MORTE E O AMOR (p. 133)

Provavelmente o poema do *Divan* que mais impacto causou à intelectualidade europeia dos séculos XIX e XX. Apareceu na famosa antologia de Friedrich Ruckert publicada em 1819 e recebeu tradução inglesa, dessa mesma versão alemã, em 1903. Seus últimos versos foram citados por Sigmund Freud no caso do presidente Schreber.

SAI DO CÍRCULO DO TEMPO (p. 139)

A imagem da velha bruxa, ou da megera, que captura o pássaro ansioso por alçar voo, é usada frequentemente por Rumi para referir-se ao mundo terrenal, que aprisiona a alma.

A NONA LUA (p. 142)

O poema faz referência ao período de gestação e associa-o ao Ramadã, a ascensão do Profeta Muhammad aos céus, que é celebrado no nono mês do calendário muçulmano, cuja divisão é lunar.

mais bela jovem da China – alusão ao *hadith* "busca o conhecimento mesmo que esteja além das muralhas da China" que, além do sentido literal, possui um sentido cifrado: em persa, a palavra 'China' também designa a alma e a mente humana.

MILAGRES (p. 143)

Rumi refere-se aqui ao *Insam al-Kamil*, o Homem Perfeito. Geralmente, menciona-se Bayazid Bistami, falecido em 874, como paradigma do Homem Perfeito, do espírito realizado, a ponto de que Kharragani, sufi do séc. XI, ter por guia espiritual o anjo de Bayazid. Rumi cita-o em vários gazéis.

SAMA (p. 145-151)

sama – Assim é chamada a dança dos dervixes giratórios da Ordem Mevlevi, criada por Rumi. Significa propriamente "audição" e designa um dos nomes ou atributos de Deus revelados no Alcorão (Aquele que tudo ouve). A dança é descrita como resposta do dervixe ao chamado divino (v. *Introdução*).

DIVINA SORTE (p. 152)

Girando como átomos em profusão – a primeira estrofe refere-se ao *sama*, a dança dos dervixes girantes (*mevlevis*), celebrada na alvorada.

MUNDOS INFINITOS (p. 160)

Esse poema foi enviado pelo grande Sa'di a Shams ud-Din, o governante de Shiraz, que havia solicitado um exemplo da arte poética persa. Sa'di, ele mesmo tido como o maior poeta do seu tempo, considerava esse poema a mais bela peça lírica da literatura de seu país.

Mustafá – outro nome para Muhammad.

BIBLIOGRAFIA

Apresento aqui a lista de todos os textos que consultei diretamente na preparação deste livro. Procurei, na medida do possível, ler todas as traduções feitas das odes de Rumi nas línguas que posso compreender. Esta lista não é completa, mas é certamente exaustiva. Dela excluí, obviamente, várias traduções do *Masnavi* e de outras obras menores de Rumi.

I. Traduções de poemas do *Divan de Shams-i Tabriz*, de Rumi

Ghaselen. Dschelaledin Rumi. Trad. de F. Ruckert. Em: *Friedrich Ruckert's Gesammelte Poetische Werke.* Band 5. Frankfurt: Sauerlander's Verlag, 1882 (edição original dos ghazals: 1818).

Selected Poems from the Diwan-i Shams-i Tabriz. Ed. e trad. de Reynold A. Nicholson. Cambridge: Cambridge U. P., 1898.

The Festival of Spring from The Díván of Jeláleddín. Rendered in English Gazels after Ruckert's Versions. Trad. de William Hastie. Glasgow: James MacLehose and Sons, 1903.

Ghaselen des Dschelâl-eddin Rumi. Trads. de Karl Thylmann, Joseph von Hammer e Friedrich Ruckert. Editado por Karl Thylmann. Stuttgart: Der Kommende Tag A.-G. Verlag, 1922.

Immortal Rose. An Anthology of Persian Lyrics. Trad. de A. J. Arberry. Londres: Luzac & Co., 1948.

Sun of Tabriz. Selected Poems of Jalalu'd-din Rumi. Trad. de Sir Colin Garbett. Cape Town: R. Beerman Publishers (PTY) Ltd, 1956.

Aus dem Diwan. Trad. de Annemarie Schimmel. Stuttgart: Philipp Reclam, 1964.

Mystical Poems of Rumi. First Selection – Poems 1-200. Trad. de A. J. Arberry. Chicago: University of Chicago Press, 1968.

Odes Mystiques. Trad. de Eva de Vitray-Meyerovitch & M. Mokri. Paris: Klincksieck, 1973.

La Raccolta di Mille Versi dal Divan e Kabir o (Ghazaliyat e Shams) di: Mowlana Jalaleddin Mohammad e Rumi e Balkhi. Edição bilingue, persa-italiano, a cargo de Arezu Eghtedari. Teheran, s.d.

Licht und Reigen. Gedichte aus dem Diwan des grössten mystischen Dichters persicher Zunge. Trad. de Johann Christoph Burgel. Peter Lang Frankfurt/Main: Herbert Lang Bern, 1974.

Mystical Poems of Rumi. Second Selection – Poems 201-400. Trad. de A. J. Arberry. Boulder: Westview Press, 1979.

Rumi. Poesie Mistiche. Trad. de Alessandro Bausani. Milano: Biblioteca Universale Rizzoli, 1980.

Rumi. Fragments, Ecstacies. Trad. de Daniel Liebert. Cedar Hill: Source Books, 1981.

Divani Shamsi Tabriz. Odas Místicas. Trad. de Leonor Calvera. Buenos Aires: Ed. Hastinapura, 1983.

When Grapes Turn to Wine. Trad. de Robert Bly. Cambridge, MA: Yellow Moon Press, 1983.

The Sufi Path of Love. The Spiritual Teachings of Rumi. Trad. de William Chittick. Albany: State University of New York Press, 1983.

Open Secret. Versões de Rumi de John Moyne e Coleman Barks. Putney: Threshold Books, 1984.

We Are Three. New Rumi Translations. Coleman Barks, from the literal renderings of John Moyne and Alan Godlas. Athens, GA: Maypop Books, 1987.

These Branching Moments. Trad. de Coleman Barks e John Moyne. Copper Beach, 1988.

Love's Fire. Re-creations of Rumi. Recriações de Andrew Harvey. Ithaca: Meeramma, 1988.

Poemas Sufíes. Trad. de Alberto Manzano. Madrid: Ediciones Hiperión, 1988.

Speaking Flame. Rumi Re-created. Recriações de Andrew Harvey. Ithaca: Meeramma, 1989.

Like This. Trad. de Coleman Barks e John Moyne. Athens: Maypop, 1989.

Look! This is Love. Trad. de Annemarie Schimmel. Boston & London: Shambhala, 1991.

Where Two Oceans Meet. A Selection of Odes from the Divan of Shems of Tabriz. Trad. de James G. Cowan. Rockport: Element, 1992.

A Garden Beyond Paradise. The Mystical Poetry of Rumi. Trad. de Jonathan Star & Shankara Shiva. New York: Bantam Books, 1992.

Magnificent One. Selected New Verses from Divan-i Kebir. Trad. por Nevit Oguz Ergin. Burdett, N.Y.: Larson Publications, 1993.

The Hand of Poetry. Five Mystic Poets of Persia. Trad. de Coleman Barks. New Lebanon: Omega Publications, 1993.

Le Livre de Chams de Tabriz. Trad. de Mahin Tajadod, Nahal Tajadod & Jean-Claude Carrière. Paris: Gallimard, 1993.

Love is a Stranger. Trad. de Kabir Helminski. Brattleboro: Threshold Books, 1993.

Say I Am You. Poetry Interspersed with Stories of Rumi and Shams. Trad. de John Moyne e Coleman Barks. Athens: Maypop, 1994.

Fountain of Fire. A Celebration of Life and Love. Trad. de Nader Khalili. Los Angeles: Burning Gate Press, 1994.

Rending the Veil. Literal and Poetic Translations of Rumi. Trad. de Shahram Shiva. Prescott: Hohm Press, 1995.

The Essential Rumi. Trad. de Coleman Barks & John Moyne. San Francisco: HarperCollins, 1995.

II. Outras obras de Rumi

Masnavi. Trad. de Monica Udler Cromberg e Ana Maria Sarda. Rio de Janeiro: Edições Dervish, 1992.

Fihi-ma-Fihi. O Livro do Interior. Trad. de Margarita Maria Garcia Lamelo. Rio de Janeiro: Edições Dervish, 1993.

III. Estudos sobre Rumi e outros poetas persas

AFLÂKI, Shams-ud-Din Ahmed – *Les Saints des derviches-tourneurs.* Trad. de C. Huart, 2 vols. Paris: Sindbad, 1978.

———————————————— *Legends of the Sufis.* Translated by James W. Redhouse. Adyar: The Theosophical Publishing House, 1976.

ARBERRY, A. J. – Three Persian Poems, *Iran,* Vol. 2, pág. 1-12, 1964.

AVERY, P. W. – "Jalal Ud-Din Rumi and Shams-i-Tabrizi with certain problems in translation", in *The Muslim World,* Vol. XLVI, N°3, 237-252, 1956.

BANANI, Amin, R. Hovannisian & G. Sabagh (orgs) – *Poetry and Mysticism in Islam. The Heritage of Rumi.* Cambridge: Cambridge U. Press, 1994.

CHITTICK, William – *The Sufi Doctrine of Rumi.* Tehran: Offset Press, 1973.

CORBIN, Henry – *Creative Imagination in the Sufism of Ibn 'Arabi.* Princeton: Princeton University Press, 1969.

———————————— *Ruzbehan Baqli Shirazi et le Soufisme des Fidèles d'amour.* Em: *En Islam Iranien. Aspects Spirituels et Philosophiques. Vol. III.* Paris: Gallimard, 1972.

GARNETT, Lucy M. – *The Dervishes of Turkey.* London: The Octagon Press, 1990.

HAKIM, Abdul – *The Metaphysics of Rumi.* Lahore, 1933.

HAFIZ – *Divan of Hafiz.* Trad. de Paul Smith. Victoria, Australia: New Humanity Books, 1986.

HALMAN, Talat Sait Jalal al-Din Rumi: Passions of the Mystic Mind. Em: Ersam Yarshater (org), *Persian Literature*, 190-213. New York: Bibliotheca Persica – SUNY Press, 1988. The Persian Heritage Foundation, 1988.

HARVEY, Andrew *The Way of Passion. A Celebration of Rumi*. Berkeley: Frog, Ltd., 1994.

HODGSON, Marshall *The Order of Assassins*. 's-Gravenhage: Mouton & Co, 1955.

IQBAL, Afzal *The Life and Thought of Mohammad Jalal-ud-din Rumi*. Lahore: Bazm-I-Iqbal, 1956.

JILI, Al – *De L'Homme Universel (Al-Insan Al-Kamil)*. Trad. de Titus Burckhardt. Lyon: P. Derain, 1953.

MEIER, Fritz – *Baha'-I Walad. Grundzuge Seines Lebens und Seiner Mystik*. Leiden: E. J. Brill, Acta Iranica, 1989.

MEISAMI, Julie Scott – Allegorical gardens in the Persian poetic tradition: Nezami, Rumi, Hafez, *International Journal of Middle East Studies*, Vol. 17, Nº2, 229-260, 1985.

———————————— *Medieval Persian Court Poetry*. New Jersey: Princeton University Press, 1987.

MEYEROVITCH, Eva de Vitray – *Mystique et Poésie en Islam*. Paris: Desclée de Brouwer, 1972.

———————————— *Rumi and Sufism*. Sausalito: The Post--Apollo Press, 1987.

NASR, Seyyed Hossein – *Jalal al-Din Rumi*. Tehran, 1974.

ÖNDER, Mehmet *Mevlana and the Whirling Dervishes*. Ankara: Guven Matbaasi, 1977.

RENARD, John – *All the King's Falcons. Rumi on Prophets and Revelation*. New York: SUNY Press, 1984.

SCHIMMEL, Annemarie – The Symbolical Language of Jalal Al-Din Rumi, *Studies in Islam*, Vol. I, 26-40,

———————————— *I Am Wind You Are Fire. The Life and Work of Rumi*. Boston: Shambhala, 1992.

———————————— *A Two-Colored Brocade. The Imagery of Persian Poetry*. Chapel Hill: University of North Carolina Press, 1992.

———————— *As Through a Veil. Mystical Poetry in Islam.* New York: Columbia University Press, 1992.

———————— *The Triumphal Sun. A Study of the Works of Jalaloddin Rumi.* New York: State University of New York Press, 1993.

SOHRAVARDI, Shihaboddin Yahya – *L'Archange Empourpré. Quinze Traités et Récits Mystiques.* Trad. e comentários de Henry Corbin. Paris: Fayard, 1976.

IV. Outras obras consultadas

ALCORÃO – Trad. portuguesa de Américo de Carvalho. Sintra: Publicações Europa-América, 1978.

ATTAR, Farid ud-Din – *A Linguagem dos Pássaros.* Trad. Alvaro Machado e Sergio Rizek. São Paulo: Attar Editorial, 1987.

FREUD, Sigmund Psychoanalytic Notes upon an Autobiographical Account of a Case of Paranoia (Dementia Paranoides). Em: *Three Case Histories.* New York: Collier Books, 1973.

GOETHE, J. W. – *Divan Occidental Oriental (West-Östliche Diwan).* Ed. bilingue. Trad. de Henri Lichtenberger. Paris: Aubier, Éd. Montaigne, s.d.

———————— *West-Eastern Divan.* Trad. de Edward Dowden. Londres: J. M. Dent & Sons, 1914.

West-Östliche Diwan. Em: *Gedichte und Epen II.* Hamburger Ausgabe, Band 2. Munchen: Deutscher Taschenbuch Verlag, 1982.

NIGG, Walter Teresa de Avila. São Paulo: Edições Loyola, 1985.

PORFIRIO On the Life of Plotinus and the Arrangement of his Work. Em: *The Enneads.* Trad. de Stephen MacKenna. Harmondsworth: Penguin Books, 1991.

SHAH, Sirdar Ikbal – *Princípios Gerais do Sufismo e outros textos.* Trad. Alvaro Machado. São Paulo: Attar Editorial, 1987.

ÍNDICE DOS POEMAS

53	A lua de Tabriz	80	Viaja dentro de ti
54	O mundo além das palavras	82	A lua do olho
56	O pão do meu verso	84	O que não sou
57	A viagem do sonho	86	Volta e voa
59	Tu e Eu	88	O destino do coração
60	Encontro de almas	89	O interior do invisível
61	O desejo é um ídolo	90	Como açúcar na água
62	Morre no amor	92	Imagem de sombras
63	Não penses	93	O livro da vida
64	Neste frio	94	Remove a poeira do mar
65	Promessa	96	A água da vida
66	A evolução da forma	98	Faço-me chuva
69	Viajante noturno	100	O falcão do imperador
70	A Caaba do coração	101	A nuvem do ser
72	Sê fiel	102	Transmuta o cobre de teu ser
74	Além do deserto e do céu	104	A raiz da raiz de teu ser
76	Em busca do amado	106	És açúcar e veneno
78	A água e o pão	107	O homem de Deus
79	O escravo que reina	108	Quando as uvas se tornam vinho

109	A mente é um oceano	138	Onde está Rumi?
110	Olhar de punhal	139	Sai do círculo do tempo
111	O fogo que derrete o véu	140	Além da dor e da alegria
112	O convidado	141	O que não somos
115	Torna-te amante	142	A nona lua
118	Não encontrarás	143	Milagres
120	Ele é meu guia	145	Sama I
122	O vinho do invisível	146	Sama II
123	Maior que o Espírito Santo	149	Sama III
124	O beijo do amado	150	Sama IV
125	O colar de minha fala	152	Divina sorte
126	No meu funeral	154	Eu sou Tu
127	Além dos sonhos	156	Danço com a luz
128	Estou Partindo	158	A hora da união
130	Fica	160	Mundos infinitos
131	Aqui	162	Se não és
132	Teus olhos irados	163	Arte em ruínas
133	A morte e o amor	164	O amante
134	O mundo é espuma	166	Quando deixaste o mundo
136	O retorno da alegria		

ÍNDICE DAS ILUSTRAÇÕES

capa "Dervixes Girantes", estilo Bihzad, página de um manuscrito, provavelmente do *Divan de Hafiz*. Escola Timúrida, Herat, c. 1493.

pág. 8 Medalhão circular (*shamsa*) que abre o poema *Khusrou u Schrin*, de Nizami, séc. XIII; caligrafia floral kúfica de Farid al-Din Jafar Tabrizi, Herat, 1420.

pág. 10 Mais antiga imagem de Rumi.

pág. 12 Konya, sede da Ordem Mevlevi, Turquia; séc. XVI.

pág. 14 "Reencontro de Shams e Rumi", miniatura do séc. XVI.

pág. 21 "Rumi distribui doces a seus discípulos", Turquia, provavelmente séc. XVII.

pág. 29 Maulana Rumi, em transe, dançando diante da loja de Salah ud-Din Zarqub. De um manuscrito do *Majâlis al-Ushshâq*, de Sultan Hoseyn Bayqara, séc XVII ou início do séc. XVIII

pág. 31 Discípulo joga-se aos pés de Rumi em frente à loja dos ourives; provavelmente séc. XVI.

pág. 35 Frontispício duplo do *Masnavi*, de Rumi; Herat, c. 1450.

pág. 58 "Dervixes tomando chá e lendo no jardim". Autoria desconhecida, provavelmente de Mahmud Muzahib ou Abd Allah, início do séc. XVI.

pág. 68 "Místicos conversando no jardim", *Khamsa* de Mir'Ali Shir Nawa'i, Herat, 890/1485.

pág. 77 "A pega e o Pássaro Anqa", manuscrito de Aja'ib al-makhluqat, provavelmente *Deccan*, c. 1570-1600.

189

pág. 91 "Alexandre parte em busca da Água da Vida", iluminura não assinada, provavelmente de autoria de Sultão Muhammad Tabrizi, c. 1530.

pág. 100 Caligrafia zoomórfica, oração *shi'ah* estruturada na forma de um falcão, Muhammad Fathyiab, Pérsia, início do séc. XIX.

pág. 114 "A donzela e seu amante", Bokhara, c. 1530.

pág. 144 "Dança da Irmandade Sufi". Tabriz, 1ª metade do séc. XVI.

pág. 148 Muhammad Tabadkani dançando em êxtase, manuscrito de *Majâlis al-Ushshâq*, Turquia, séc. XVI.

pág. 151 "Rumi e dervixes dançando o *sama*", miniatura de Ahmed Yakubgolu.

pág. 169 Abertura do *Yatimat al-dahr* ('A Joia'), antologia da literatura árabe do séc. XI; caligrafia *naskh* de Muhammad Khalil al-Muradi, Damasco, 1781.

vinhetas Azulejos da Grande Mesquita no Cairo, séc. IX. Os motivos incluem uma coroa sassânida, o "olho-de-pavão" e uma pseudo caligrafia árabe.

Este livro foi composto em
Adobe Garamond e Venetian e
impresso pela Psiset Gráfica,
em papel Pólem Bold 90 gr.
para a Attar Editorial, em
outubro de 2023.